Andreas Portz

Überwachung eines heterogenen Rechnernetzes mit NetView for AIX

AF208894

Bibliografische Information der Deutschen Nationalbibliothek:

Bibliografische Information der Deutschen Nationalbibliothek: Die Deutsche Bibliothek verzeichnet diese Publikation in der Deutschen Nationalbibliografie; detaillierte bibliografische Daten sind im Internet über http://dnb.d-nb.de/ abrufbar.

Copyright © 1996 Diplom.de
Druck und Bindung: Books on Demand GmbH, Norderstedt Germany
ISBN: 9783838606576

MIX
Papier aus verantwortungsvollen Quellen
Paper from responsible sources
FSC® C105338

FSC
www.fsc.org

https://www.diplom.de

Andreas Portz

Überwachung eines heterogenen Rechnernetzes mit NetView for AIX

Diplom.de

Andreas Portz

Überwachung eines heterogenen Rechnernetzes mit NetView for AIX

Diplomarbeit
an der Universität Kaiserslautern
Februar 1996 Abgabe

Diplomarbeiten Agentur
Dipl. Kfm. Dipl. Hdl. Björn Bedey
Dipl. Wi.-Ing. Martin Haschke
und Guido Meyer GbR

Hermannstal 119 k
22119 Hamburg

agentur@diplom.de
www.diplom.de

ID 657

ID 657

Portz, Andreas: Überwachung eines heterogenen Rechnernetzes mit NetView for AIX /
Andreas Portz - Hamburg: Diplomarbeiten Agentur, 1998
Zugl.: Kaiserslautern, Universität, Diplom, 1996

Dipl. Kfm. Dipl. Hdl. Björn Bedey, Dipl. Wi.-Ing. Martin Haschke & Guido Meyer GbR
Diplomarbeiten Agentur, http://www.diplom.de, Hamburg
Printed in Germany

Diplomarbeiten Agentur

Wissensquellen gewinnbringend nutzen

Qualität, Praxisrelevanz und Aktualität zeichnen unsere Studien aus. Wir bieten Ihnen im Auftrag unserer Autorinnen und Autoren Wirtschaftsstudien und wissenschaftliche Abschlussarbeiten – Dissertationen, Diplomarbeiten, Magisterarbeiten, Staatsexamensarbeiten und Studienarbeiten zum Kauf. Sie wurden an deutschen Universitäten, Fachhochschulen, Akademien oder vergleichbaren Institutionen der Europäischen Union geschrieben. Der Notendurchschnitt liegt bei 1,5.

Wettbewerbsvorteile verschaffen – Vergleichen Sie den Preis unserer Studien mit den Honoraren externer Berater. Um dieses Wissen selbst zusammenzutragen, müssten Sie viel Zeit und Geld aufbringen.

http://www.diplom.de bietet Ihnen unser vollständiges Lieferprogramm mit mehreren tausend Studien im Internet. Neben dem Online-Katalog und der Online-Suchmaschine für Ihre Recherche steht Ihnen auch eine Online-Bestellfunktion zur Verfügung. Inhaltliche Zusammenfassungen und Inhaltsverzeichnisse zu jeder Studie sind im Internet einsehbar.

Individueller Service – Gerne senden wir Ihnen auch unseren Papierkatalog zu. Bitte fordern Sie Ihr individuelles Exemplar bei uns an. Für Fragen, Anregungen und individuelle Anfragen stehen wir Ihnen gerne zur Verfügung. Wir freuen uns auf eine gute Zusammenarbeit

Ihr Team der *Diplomarbeiten* Agentur

Dipl. Kfm. Dipl. Hdl. Björn Bedey –
Dipl. Wi.-Ing. Martin Haschke ⸺
und Guido Meyer GbR ⸺

Hermannstal 119 k ⸺
22119 Hamburg ⸺

Fon: 040 / 655 99 20 ⸺
Fax: 040 / 655 99 222 ⸺

agentur@diplom.de ⸺
www.diplom.de ⸺

Erklärung:

Hiermit versichere ich, daß ich die vorliegende Arbeit selbständig und nur mit Hilfe der angegebenen Literatur angefertigt haben.

Kaiserslautern, Februar 1996

Inhaltsverzeichnis

5 Anhang　　　　　　　　　　　　85

Literaturverzeichnis　　　　　　91

Einleitung

Trotz aller Planung bei Entwurf und Erweiterung bereits installierter Netzwerke bestehen diese doch aus im Laufe der Zeit gewachsenen Strukturen. So verfügt auch die Universität Kaiserslautern über ein stark heterogenes Netz aus mittlerweile fast 3000 Rechnern der unterschiedlichsten Art, auf dem 12-15 verschiedene Kommunikationsprotokolle parallel benutzt werden.

Des weiteren werden zur Strukturierung der Anlage ca. 18 Router der Firma Cisco eingesetzt, die die einzelnen Subnetze, welche meist einem ganzen Gebäude oder Stockwerk zugeordnet sind, auf einen schnellen FDDI-Backbone zusammenschalten.

Ein solches System zu verwalten und auf Fehler zu überwachen stellt somit eine nicht triviale Aufgabe dar, die außer der Kenntnis der Gesamtkonfiguration von Hard- und Software auch viel Erfahrung und Fingerspitzengefühl bei der Deutung von Symptomen erfordert.

In dieser Arbeit soll untersucht werden, inwieweit diese Aufgabe mittels eines bestimmten Netzwerkmanagement-Systems (*IBM NetView for AIX*), unter Verwendung von *SNMP* zur Überwachung von Hardware, die dieses Protokoll unterstützt, bewältigt werden kann. Dabei werden spezielle Fragestellungen untersucht, die im laufenden Betrieb des *RHRK (Regionales Hochschulrechenzentrum der Universität Kaiserslautern)* auftauchen bzw. mit den bisherigen Methoden nur unzureichend geklärt werden konnten.

Das erste Kapitel beschäftigt sich mit den Grundlagen der Netzkomponenten, den betrachteten Protokollarchitekturen und dem Begriff *Netzwerkmanagement*. Die Zielsetzung dieser Arbeit wird in Kapitel 2 anhand der allgemeinen Anforderungen, die an ein Netzwerkmanagementsystem gestellt werden und den speziellen, zu untersuchenden Aufgabenstellungen erläutert. Anschließend wird das Programm NetView daraufhin untersucht, wie gut es die Anforderungen erfüllt und wie die besonderen Problemstellungen mit seiner Hilfe gelöst werden können.

Aus dieser Gliederung kann man die ersten 3 Kapitel einteilen in die Theorie, wie sie in der Literatur zu dem untersuchten Thema dargestellt wird, den Wünschen und Vorstellungen des RHRK und abschließend dem tatsächlichen Leistungsvermögen eines kommerziellen Produkts.

In der Zusammenfassung werden die gewonnen Erkenntnisse kurz wiederholt und einige Anregungen für den produktiven, zukünftigen Einsatz dieses Systems gegeben. Der Anhang enthält spezielle Hinweise für die Installation und Konfiguration des Programms sowie Internetadressen von zusätzlichen, produktbezogenen Informationsquellen.

1 Grundlagen

Dieses Kapitel beschreibt und erklärt die in dieser Arbeit verwendeten Begriffe und Netzwerkkomponenten. Auf Hardware-Seite handelt es sich dabei hauptsächlich um die einzelnen Strukturierungselemente zur Gliederung des Netzwerks. Die Software wird durch die beiden Protokoll-Stacks nach *ISO/OSI*- bzw. *Internet-Standard* vertreten. Schließlich bleibt noch die konzeptionelle Seite, die eine Einführung in Netzwerkmanagement und seine Aufgaben gibt.

1.1 Netzwerkkomponenten

Ein Computer-Netzwerk ist ein System, in dem autonome Rechner und Peripheriegeräte mit Hilfe von Kommunikationskanälen verschiedener Art zum Zwecke des Datenaustauschs miteinander verbunden sind. [Garbe91]. Es besteht somit aus 3 verschiedenen Komponenten, den eigentlichen Rechnern (*Hosts*), den *Strukturierungs-* und *Verbindungselementen* sowie den angeschlossenen *Peripheriegeräten.* Im einzelnen sind das z.B.:

- Hosts: Großrechner, Workstation, Personal Computer

- Peripheriegeräte: Drucker, Plotter, Terminal, Modem

- Verbindungselemente: verschiedene Arten von Netzwerkkabeln

- Strukturierungselemente: Transceiver, Repeater, Sternkoppler (Hub), Bridge, Router, Gateway

1.1.1 Hosts

Unter Hosts versteht man die Rechner, auf denen die Benutzer ihre Arbeiten durchführen. Auf Großrechnern und Workstations können dabei mehrere Benutzer parallel arbeiten (*Multiuser-Betrieb*), während PCs normalerweise nur einer Person zur Verfügung stehen (*Single-user-Betrieb*).

1.1.2 Periperiegeräte

Die Peripheriegeräte sind nicht alleine arbeitsfähig, sondern werden von anderen Rechnern mit Daten versorgt (*Printspooler* für Drucker) oder gestartet (*Boot-Server* für Terminals). Dabei verfügen Terminals und größere Drucker oder Plotter, die mit einer *Netzkarte* direkt ans Netzwerk angeschlossen sind, sogar über eine eigene *Netzwerkadresse*. Über diese werden sie direkt angesprochen, statt nur lokal von einem bestimmten Rechner per Datenkabel gespeist zu werden.

1.1.3 Verbindungselemente

Die Gruppe der Verbindungselemente enthält lediglich die Kabel, mit denen die Hosts untereinander verbunden sind. Die dabei vorherrschenden Typen sind:

- Koaxialkabel, die je nach Ausführung (dünn *RG58* oder *10Base2*, dick *RG62* oder *10Base5*) mehr oder weniger gut gegen störende Einflüsse (elektromagnetische Felder, Strahlung) abgeschirmt sind.

- Ein Kupferkabel (*Twisted Pair* oder *10BaseT*), das analog zum Koaxialkabel gut abgeschirmt (*Shielded Twisted Pair, STP*) oder einfach nur verdrillt zum weitestgehenden Ausgleich der (niederfrequenten) Störungen (*Unshielded Twisted Pair, UTP*[1]) verwendet wird.

- Glasfaserkabel (*Lichtwellenleiter, LWL* oder *10BaseFO*), das weitaus störungssicherer ist, als die anderen Kabeltypen und auch größere Entfernungen überbrücken kann.

Hochwertige Verkabelung, die in speziellen Schächten im Gebäude verlegt wird, ist oft teurer als die gesamte restliche Hard- und Software. In dem hier betrachteten Netzwerk (vgl. Abbildung des IP-Plans auf Seite 28) werden für den *FDDI-Ring* und die Verbindungen zu den einzelnen Gebäuden Lichtwellenleiter verwendet. Von dort aus erfolgt - bisher - die weitere Verkabelung mittels dickem Koaxialkabel von den Routern, die in den Gebäuden stehen, durch den Kabelschacht in die einzelnen Stockwerke. Seit etwa 2 Jahren wird in neu errichteten Gebäuden nur noch ein spezielles Twisted Pair, das sogenannte *ICCS-Kabel* der Firma Siemens verwendet. Da es besonders störungssicher ist, kann damit in Zukunft auch eine physikalische Datenrate von 100 MBit/s gefahren werden kann. Das entspricht ungefähr dem 10fachen der momentanen Leistung. Dünnes Koaxialkabel wird lediglich lokal in einigen Arbeitsgruppen zur Verbindung von PCs eingesetzt.

1.1.4 Netztopologie

Neben der Art des verwendeten Kabels kann man die Netzwerk-Verkabelung auch anhand ihrer geographischen Gestalt, also der Struktur in der die Stationen miteinander verbunden sind - Topologie genannt - klassifizieren (vgl. Abbildung auf Seite 5) [Kerner93]. Bei diesen Betrachtungen gehen wir von ISO-Ebene 1, also der physikalischen Leitung aus. So läßt sich z.B. bei Ethernet mit einem Hub die Verkabelung physikalisch als Stern strukturieren, obwohl sie logisch wie ein Bus behandelt wird.

Eine der altbekannten Topologie-Formen ist der *Stern*. Hier werden alle Slave-Stationen an eine Master-Station angeschlossen. Dieser Master wirkt als ein Relais und verteilt die Informationen zwischen den Slaves. Diese Form eines Netzes stammt aus der Zeit der Großrechenanlagen (sie spielten die Rolle des Masters). Der *Baum* ist die hierarchische Form des Sterns.

Ebenfalls eine schon lange verwendete Form ist das *Maschennetz*, bei dem zwischen den Stationen Leitungen verlegt sind. Bei einem vollständigen Maschennetz ist jede Station mit jeder anderen über eine eigene Leitung verbunden.

Diese beiden Topologien sind für LANs weniger gut geeignet, da Sterne von der Stabilität einer Master-Station abhängen und Maschennetze zu viele Leitungen benötigen. Beides ist aus Kostengründen bzw. aus Gründen der Kabelverlegung nicht effizient. Allerdings sind Maschennetze immer dann angebracht, wenn außer einer Verbindungsstrecke zwischen zwei

---

[1] Wird an der Universität Kaiserslautern nicht verwendet.

Knoten noch Ausweichmöglichkeiten für Umleitungen bei Unterbrechungen bleiben sollen. Somit ist das (unvollständige) Maschennetz insbesondere bei WANs noch immer sehr gebräuchlich.

Bei den LANs haben sich dagegen zwei andere Topologien durchgesetzt: der *Bus* und der *Ring*. Bei einem Bussystem werden alle Stationen des LANs an ein einziges (beidseitig offenes[2]) Medium angeschlossen. Schließt man den Bus an seinen Enden zusammen, erhält man den Ring. Zumeist wird bei einem Bus immer in beide Richtungen zugleich übertragen[3], bei einem Ring aber immer nur in eine Richtung.

Ein weiterer wesentlicher Unterschied ergibt sich ebenfalls aus der Asymmetrie: auf einem Bus muß jede Station so stark senden, daß auch die am weitesten entfernte Station das Signal noch gut empfangen kann. Die Stärke des Signals ist dabei begrenzt durch die Güte des Übertragungsmediums und des Senders. Beim Ring dagegen sendet jede Station nur an ihre Folgestation, die das Signal wieder verstärkt und ihrerseits an den Nachbar weitersendet.

Die Ringtopologie eignet sich auch sehr gut zur Erhöhung der Übertragungssicherheit mittels Redundanz. Dabei sind zwei Techniken einsetzbar:

• Die Bildung eines sternförmigen Rings. In der Mitte des Rings befindet sich dann ein sogenanntes *Wiring Center*, d.h. eine Zentralverteilerstelle, auch Hub genannt. Für jede einzelne Station ist ein Überbrückungsrelais zwecks Abkopplung der Leitung und Schließen des Ringes im Falle eines Defekts vorhanden.

• Die Bildung eines Doppelrings, bestehend aus einem Primärring und einem Sekundärring. Im Falle eines Leitungs- oder Stationsausfalls wird der doppelte Ring zu einem einfachen Ring kurzgeschlossen. Das geschieht indem diejenigen Stationen, die ein Versagen ihrer Nachbarstation feststellen, in Richtung der defekten Station ihre beiden Ausgänge für den Primär- und Sekundärring intern zu sich hin verbinden. Diese Technik wird an der Universität Kaiserslautern auf den FDDI-Strecken eingesetzt.

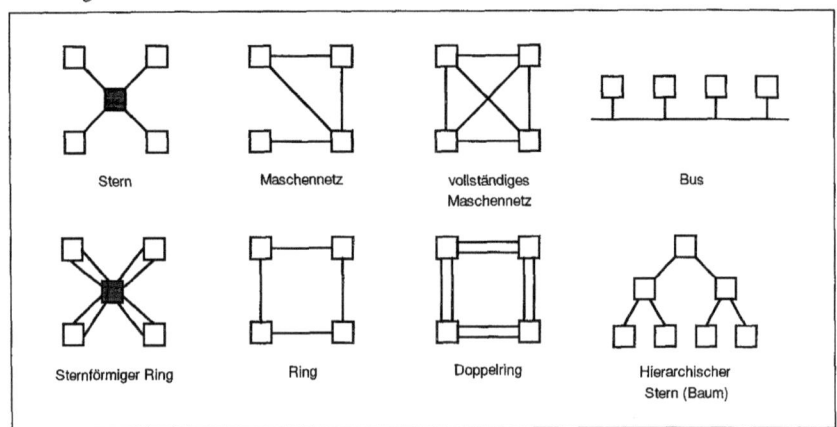

Abbildung 1: Topologien der Netzstruktur

---

[2] Hier wird der Begriff 'offen' im logischen Sinn der Verkabelung benutzt, eben ein Bus. Selbstverständlich muß das Kabel an beiden Enden mittels eines Abschlußwiderstandes *(Terminators)* zur Verhinderung ungewollter Reflexionen des Signals abgeschlossen werden!

[3] Als Ausnahme von der Regel sei hier der sogenannte *Distributed Queue Dual Bus (DQDB)* erwähnt, bei dem zwei Leitungen vorhanden sind. Auf einer werden die Daten nach rechts transportiert, auf der anderen nach links. Wie beim Bus üblich sind alle vier Enden terminiert.

Mediumzugriff

Da bei den LANs als Topologien fast ausschließlich der Bus und der Ring eingesetzt werden, muß der Sendezugriff der einzelnen Stationen auf das Medium in irgendeiner Weise geregelt werden. Diese Aufgabe ist in der IEEE-Architektur in der *Mediumzugriffssteuerung* (*Medium Access Control, MAC*) zusammengefaßt. Der MAC sorgt also dafür, daß die Stationen das Netz in kooperativer Weise nutzen können.

In dem für diese Arbeit betrachteten Netzwerk werden lediglich zwei Techniken verwendet, die als einzige aus der Masse der mehr oder weniger stark verbreiteten Zugriffsverfahren kurz erläutert werden sollen. Eine breitere Betrachtung des Stoffs findet sich in [Kerner93] und [Tanenb92].

Token Ring

Das Token Ring-Verfahren wird - in leicht abgewandelter Form - auf dem FDDI-Backbone, dem FDDI-Ring und einigen lokalen Subnetzen der Arbeitsgruppen angewendet. Dabei kreist ein sogenanntes *Token* im Ring, das das Senderecht für diejenige Station repräsentiert, die es aufnimmt. Nach Erhalt des Tokens werden die Daten in die gleiche Richtung abgeschickt[4]. In dem Datenrahmen ist neben der Adresse des Senders auch die des Empfängers enthalten. Der Empfänger identifiziert seine Kennung, sobald die Information bei ihm vorbeikommt. Daraufhin kopiert er die Daten in seinen Speicher und setzt ein 'Daten erhalten'-Flag in dem Rahmen, bevor er es in der Kreisrichtung weiterschickt. So geändert läuft es jetzt reihum bis zum ursprünglichen Sender. Dieser identifiziert seine Senderkennung, nimmt den Rahmen vom Netz herunter und legt das Token als Zeichen des freien Mediums auf den Ring zurück. Dort kreist es anschließend weiter, bis eine Station wieder Zugriff verlangt.

Dieses allgemeine Token Ring-Verfahren unterscheidet sich in einem Punkt von dem sogenannten *Token-early-release*-Verfahren, das bei FDDI angewendet wird. Hier kann bei möglichen 1000 Stationen und 200 km Glasfaserkabel die vergeudete Zeit, während auf die Ringumrundung eines Rahmens gewartet wird, ziemlich ins Gewicht fallen. Deshalb darf eine Station bereits ein neues Token auf den Ring aussetzen, sobald sie mit der Übertragung ihrer Rahmen fertig ist. In großen Ringen können durchaus mehrere Rahmen gleichzeitig unterwegs sein.

CSMA/CD

Auf dem restlichen Netz an der Universität Kaiserslautern, das als Ethernet ausgeführt ist, wird das CSMA/CD-Verfahren verwendet. Im Gegensatz zum Token Ring findet hier keine eigentliche Zugriffskontrolle im Voraus statt. Statt dessen darf jede Station (*Multiple Access*) zu einem beliebigen Zeitpunkt mit dem Senden beginnen, nachdem sie sich durch Abhören des Netzkabels davon überzeugt hat, daß z.Zt. keine anderen Signale anliegen (*Carrier Sense*). Bedingt durch die Signallaufzeiten kann es aber passieren, daß die anderen Datenrahmen erst vorbeikommen, nachdem schon mit dem Senden begonnen wurde. Deshalb hört die sendende Station mit und erkennt somit, ob sich die eigenen Daten mit fremden überlagern, d.h. kollidieren (*Collision Detect*).

In diesem Fall unterbricht sie das Senden und legt eine sogenannte *jam sequenz* auf das Netz, damit diese mit den sich immer noch in beide Kabelrichtungen unterwegs befindlichen Daten des/der anderen Sender kollidieren. Durch die festgelegte Zeitdauer, die dieses Signal anliegen muß, ist sichergestellt, daß alle an das Netzsegment angeschlossenen Geräte

---

[4] Oben wurde bereits erwähnt, daß die Information im Ring immer nur in eine Richtung läuft.

ebenfalls eine Kollision feststellen können, auch wenn die ursprünglich auslösende Kollision sich nicht direkt bei ihnen gezeigt hat. Anschließend warten die beiden eben beim Sendeversuch unterbrochenen Stationen noch eine zufällige Zeitdauer, bis sie es noch einmal versuchen. Diese Vorgehensweisen ergeben zusammen somit den Namen des Verfahrens: Carrier Sense Multiple Access / Collision Detection.

Eine umfangreiche Darstellung dessen, welche Beschädigungen des Frames bei solchen Kollisionen vorkommen können, findet sich in [Kemper94].

1.1.5 Strukturierungselemente

Mit den bisher vorgestellten Hardwarekomponenten wäre es nur möglich, einzelne Computer direkt durch Kabel miteinander zu verbinden. Der Aufbau einer komplexen Topologie wäre dann daran gebunden, daß ein Rechner als Knoten dienen müßte und somit eine Vielzahl von Netzschnittstellen zu den Kommunikationspartnern benötigte. Für diese Aufgabe gibt es deshalb spezielle Strukturierungselemente, die den Datenstrom auf die einzelnen Netzsegmente aufteilen und weiterleiten. Die bekanntesten dieser Gerät werden nun kurz vorgestellt. Da sie größtenteils auf verschiedenen Ebenen des ISO/OSI-Modells arbeiten (vgl. Abbildung auf Seite 10), wird zur Bezeichnung des Begriffs *Datenpaket* der in der Fachliteratur für die jeweilige Schicht übliche Begriff verwendet:

- Ebene 4: Fragment

- Ebene 3: Paket

- Ebene 2: Frame/Rahmen

- Ebene 1: Signal (hier erfolgt nur eine elektrische Übertragung von Bitfolgen ohne logische Paketierung)

Transceiver

Das einfachste Bindeglied, der Transceiver, sitzt zwischen Netzkabel und Rechner oder Terminal bzw. Drucker/Plotter und ist dafür zuständig, die Informationen des angeschlossenen Geräts in den Datenstrom des Netzes einzuspeisen. In die andere Richtung werden ankommende Pakete einerseits zur Empfängerprüfung herauskopiert und gleichzeitig zum Nachbarn durchgelassen. Er arbeitet somit auf Ebene 1 des OSI-Schichtenmodells (vgl. Abbildung auf Seite 11), da er lediglich Bitfolgen transportiert.

Ein solcher Transceiver ist entweder direkt an das Netzkabel gekoppelt und mittels Datenleitung mit dem Gerät verbunden, oder er ist auf der Netzwerkkarte integriert und das Netzkabel selbst wird an die Karte angeschlossen. Diese letztere Variante ist häufig bei PCs anzutreffen.

Repeater

Ein Repeater ist ein bitweise arbeitender (meist bidirektionaler) Empfänger-Signalaufbereiter-Verstärker-Sender, der die Reichweite von physikalischen Signalen vergrößert [Kerner93]. Er verbindet zwei LANs miteinander und ist der Schicht 1 des OSI-Modells zuzurechnen.

Ein Repeater ist für alle Schichten völlig transparent, d.h. bereits die physikalischen Schichten beider zu verbindender LANs müssen völlig identisch sein. Alle Adressen von

Stationen in beiden LANs müssen daher ebenfalls eindeutig sein. Repeater werden meist bei Bustopologien eingesetzt (in einem Ring agiert jede Station bereits als eine Art Repeater).

Repeater sind nach den Transceivern die billigsten Strukturierungs-Elemente. Sie müssen nicht konfiguriert werden und sind völlig transparent im LAN. Die Geschwindigkeit von Repeatern ist - bedingt durch ihre einfache Bauart - immer so groß wie die des LANs.

Sie haben allerdings den Nachteil, daß sie nur identische LAN-Segmente miteinander verbinden können, da sie die Signale nur physikalisch auffrischen und verstärken, nicht aber logisch verändern können.

Sternkoppler (Hub)

Ein Hub ist im Prinzip nichts anderes, als ein Repeater mit mehreren Ausgängen, die den einen Eingang verstärken und an verschiedene angeschlossene Geräte weiterleiten. Dadurch ist es möglich, sternförmige LANs zu bilden.

Bridge

Die Bridge ist ein rahmenweise arbeitender bidirektionaler Empfänger-Sender, der zwischen zwei LANs geschaltet wird [Kerner93]. Sie ist der OSI-Schicht 2 zuzurechnen und kann daher LANs mit verschiedenen physikalischen Schichten (OSI-Schicht 1) verbinden. Die Schichten 2 bis 7 sind für die Bridge allerdings völlig transparent. Eine Bridge kann eingesetzt werden, um z.B. ein IEEE 802.3 LAN über Koaxialkabel und ein IEEE 802.3 LAN über Twisted Pair zu verbinden.

Alle durch Bridges verbundenen Teil-LANs werden zu einem großen Gesamt-LAN, d.h. alle Frames werden an alle betroffenen Stationen gesendet. Die Adressen im Gesamt-LAN müssen wieder eindeutig sein.

Eine Bridge ist protokoll-transparent, d.h. der Inhalt der Frames, die durch sie hindurchfließen, ist ihr gleichgültig. Sie puffert allerdings Frames zwischen, bevor sie sie aussendet. Damit erfolgt eine vollständige Frame-Wiederaufbereitung in jeder Bridge. Das bedeutet aber auch, daß die Bridge eine Station im LAN ist, die frameweise operieren muß[5]. Also muß eine Bridge wesentlich mehr Intelligenz besitzen als ein Repeater, der bekanntlich nur ein Verstärker und Bitregenerator ist. Bridges verzögern damit den Datenfluß stärker als Repeater, denn wegen der aufwendigeren Bearbeitung wird jeder Rahmen etwas länger in der Bridge aufgehalten, als in einem Repeater. Durch ausreichende CPU-Leistung kann aber die Durchsatzrate selbst bis auf das Niveau der reinen physikalischen Übertragung angehoben werden.

Eine selbstlernende Bridge führt interne Tabellen mit Stationsadressen für die beiden LANs, die sie verbindet. Nach einer gewissen Betriebszeit weiß sie durch Mitprotokollieren, welche Stationsadressen sich im jeweiligen Teil-LAN befinden, da jeder Frame die Source Address seines Senders enthält. Sie kann daraufhin einen Frame gezielt am Eindringen in ein Teil-LAN hindern, wenn sie schlußfolgert, daß dieser sicher nicht an eine Station in diesem Teil-LAN adressiert ist. Sie filtert also nicht benötigte Frames vor dem Weiterleiten heraus und hat somit eine netzlastverringernde Wirkung. Sie kann auch zum Schutz und zur Datensicherheit beitragen, wenn sensitive Frames nicht in bestimmte Teil-LANs eindringen oder diese verlassen dürfen.

---

[5] Obwohl sie nicht adressiert werden kann, da sie keine eigene Adresse hat!

Router

Ein Router ist wie eine Bridge ein paketweise arbeitender bidirektionaler Empfänger-Sender, der zwischen zwei LANs geschaltet wird [Kerner93]. Im Gegensatz zur Bridge ist er der OSI-Schicht 3 zuzuordnen, kann also LANs mit unterschiedlichen Schichten 1 und 2 verbinden. Bei der Datenübertragung zwischen den beiden LAN-Segmenten wird jedoch keine Konvertierung von Protokollen der Schicht 3 oder höher durchgeführt. Das bedeutet, daß die Segmente dieselben Adressierungsmechanismen in der Schicht 3 verwenden müssen. Die Aufgaben eines Routers sind:

- Das zielgerichtete Weiterleiten von Paketen von Teil-LAN zu Teil-LAN, das sogenannte *Routing*. Eine genaue Beschreibung diverser Routing-Protokolle und -Strategien findet sich in [KowBur94].

- Das optimale Verwenden von alternativen Pfaden zur Zielstation im Falle von Verkehrsstauungen im Netz (*congestion control*) oder bei Stations- oder Leitungsüberlastung (*rate control*), das sogenannte *Load Balancing*[6] (Überlastungssteuerung).

Im Gegensatz zur Bridge muß ein Router auch die innere Struktur eines Schicht-3-Paketes interpretieren können, um z.B. die Schicht-3-Netzwerkadressen im Datenteil eines Schicht-2-Paketes zu erkennen.

Router sind daher Schicht-3-protokollspezifisch. Durch ihre Routing-Logik und die Notwendigkeit, die Schicht 3 zu analysieren, sind sie auch wesentlich langsamer und teurer als Bridges, insbesondere, wenn sie viele verschiedene Protokolle bearbeiten können.

Gateway

Sind die beiden zu verbindenden LANs auch ab der Schicht 3 aufwärts von unterschiedlicher Struktur, so kann ihr Zusammenschluß nur noch mittels eines speziellen, recht aufwendigen Gerätes erfolgen - einem Gateway. Dazu muß dann eine sogenannte *Protokollkonversion* durchgeführt werden. Das Gateway also paßt die unterschiedlichen Formate, Adressierungen, Protokolle, Routing-Techniken, Timeouts etc. der Teil-LANs aneinander an [Kerner93].

Der Aufwand zur Verbindung zweier Netze mittels eines Gateways ist jedoch erheblich, die Kosten sind meist enorm. Da Gateways eigentlich Stationen sind, die die beiden zu verbindenden LANs in bis zu 7 Schichten beinhalten - also insgesamt bis zu 14 Software- und Hardwareschichten! - sind sie auch entsprechend langsam und vor allem hoch spezialisiert.

Eine logische Einordnung der hier vorstellten Strukturierungselemente in das OSI-Modell wird in der Abbildung auf Seite 10 gezeigt.

Dabei bedeutet die helle Schraffur, daß das so markierte Gerät selbst der jeweiligen Schicht im OSI-Modell zuzuordnen ist. Die dunkle Schraffur der einzelnen Schichten besagt, daß das jeweilige Gerät Informationen, die in einer spezifischen Darstellung dieser Schicht ankommen, in eine andere schichtspezifische Darstellung umwandeln kann. Die hell verbliebenen Schichten sind für das jeweilige Gerät transparent, d.h. Protokolle dieser Ebene können nicht verändert werden.

---

[6] Voraussetzung für das Load Balancing ist, daß in dem Netz ein Routing-Protokoll benutzt wird, das diese Funktion unterstützt und daß überhaupt redundante Datenwege integriert sind, auf die ausgewichen werden kann. Das im RHRK verwendete *RIP-Protokoll* unterstützt **kein** Load Balancing, dafür wäre z.B. *OSPF* nötig (siehe auch [Heinz94]).

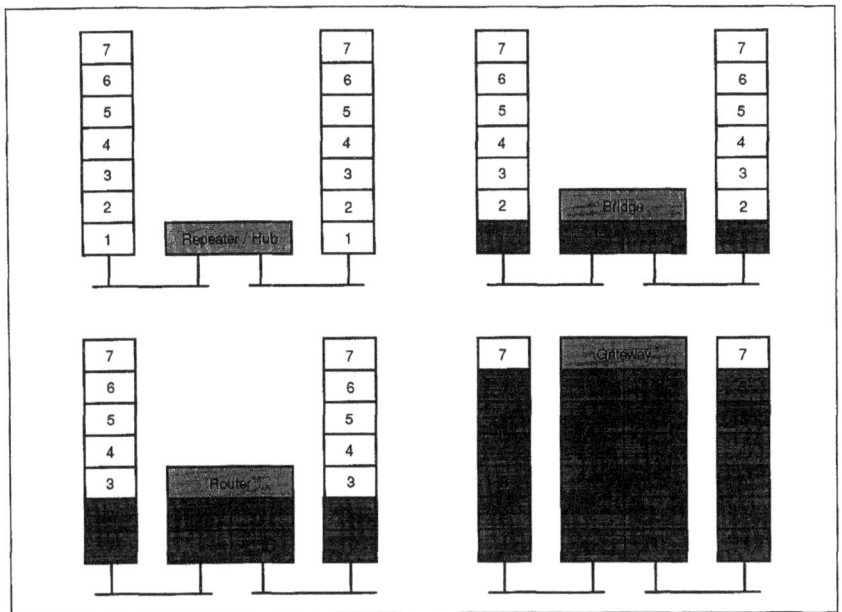

Abbildung 2: Die Strukturierungselemente im OSI-Modell

1.2 Protokollarchitekturen

1.2.1 ISO/OSI-Referenzmodell

Die Entwicklung von herstellerspezifischen, inkompatiblen Kommunikationssystemen führte zu der Erkenntnis, daß Standards benötigt werden, um die Interaktion zwischen Rechnern verschiedener Hersteller zu erlauben. 1977 begann die *International Standard Organization* (*ISO*) an dem Referenzmodell für Offene Systeme (*Open System Interconnection, OSI*) zu arbeiten (vgl. Abbildung auf Seite 11). Die Bezeichnung 'offen' bedeutet, daß Systeme, die sich nach dem Standard innerhalb dieses Modells richten, offen sind gegenüber anderen Systemen, die die gleichen Standards befolgen, d.h. daß sie miteinander kommunizieren können.

Die Absicht des ISO-Modells besteht darin, eine allgemeine Grundlage für die Koordination der Entwicklung von Standards für Kommunikationssysteme zu bieten. Das Modell spezifiziert keine Dienste und Protokolle, ebensowenig ist es eine Implementierungsspezifikation, wohl aber eine Implementierungstrategie. Die Implementierung und Realisierung bleibt den Herstellern von Kommunikationsgeräten und -software überlassen. Es ist lediglich ein Referenzmodell, das als ein konzeptioneller und funktioneller Rahmen für die Beschreibung bestehender Kommunikationssysteme und für die Entwicklung von Protokollspezifikationen verwendet werden kann [SloKra89].

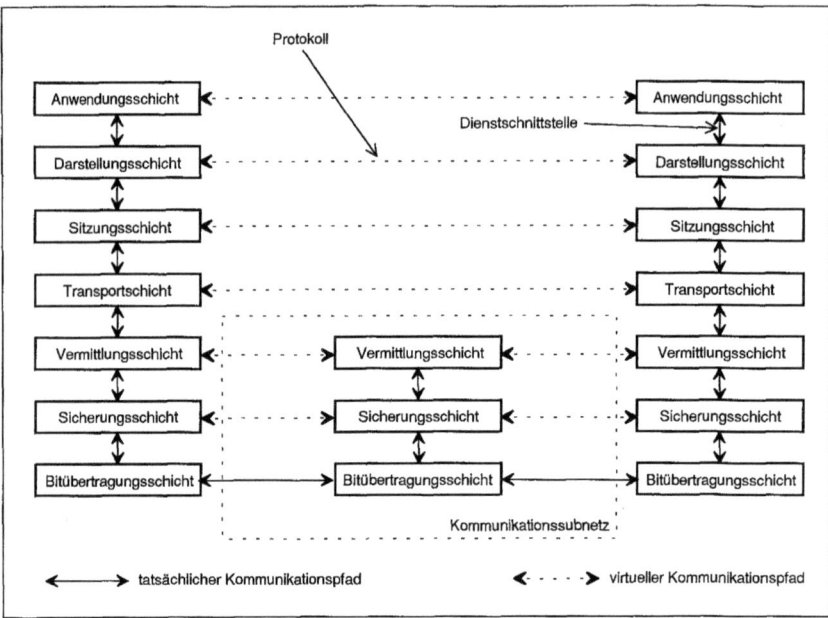

Abbildung 3: ISO/OSI-Modell

Das ISO-Modell ist in 7 Schichten gegliedert, die logisch aufeinander aufbauen und ihre Funktionalität mittels - im Referenzmodell - genau spezifizierter Schnittstellen der über- bzw. untergeordneten Schicht zur Verfügung stellen. Dabei bleibt der interne Aufbau der Schicht, d.h. die Realisierung der Schnittstellen-Funktionalität gemäß dem *Information-Hiding-Prinzip* nach außen verborgen.

Der Datenaustausch zwischen Kommunikationspartnern beginnt und endet in der Anwendungsebene und führt im Verlauf des Datentransports durch alle Schichten (vgl. Abbildung auf dieser Seite). Der sendende Prozeß in der Anwendungsebene fügt an seine Nachricht Steuerdaten an und übergibt sie der Protokollinstanz der Darstellungsschicht. Diese Instanz fügt ihrerseits weitere Steuerdaten an die zu übermittelnde Nachricht an, die von der Instanz der Darstellungsebene der Empfängerseite zur korrekten Bearbeitung der Daten benötigt werden. Anschließend wird die Nachricht an die nächstniedrigere Schicht weitergegeben, in der die abzusenden Daten in gleicher Weise behandelt werden. So durchläuft die Nachricht alle Schichten bis zur Bitübertragungsschicht, die die eigentliche physikalische Übertragung der Daten in Form von Signalen ausführt.

Auf der Empfängerseite werden die Daten von der Bitübertragungsschicht aus nach oben weitergereicht, wobei jede Schicht die für sie bestimmten Steuerdaten von dem Paket abstreift und verarbeitet und den Rest des Pakets nach oben weitergibt. Die Protokollinstanz der Anwendungsschicht übergibt zum Schluß dem empfangenden Prozeß die Daten, die vom sendenden Prozeß abgeschickt wurden. Im Verlauf des Durchreichens einer Nachricht werden nicht nur Steuerdaten hinzugefügt bzw. abgestreift, es erfolgt möglicherweise auch eine Aufteilung der Nachricht und auf der Empfängerseite ein Zusammenfügen der Pakete oder Blöcke zur ursprünglichen Nachricht.

Somit wird auf den Ebenen 7 bis 2 eine Art virtuelle Datenübertragung vom Sender zum Empfänger durchgeführt, indem die Dienste der nächstniedrigeren Schicht in Anspruch genommen werden. Lediglich auf Ebene 1 werden die Daten tatsächlich physikalisch übertragen.

Die Aufgaben der einzelnen Schichten werden nun kurz erläutert. Für weitergehende Informationen sei auf [Kerner93] verwiesen.

Anwendungsschicht

Die Anwendungsschicht als oberste Ebene des OSI-Modells stellt die Schnittstelle zwischen Benutzer und Kommunikationssystem dar. Sie ermöglicht dem Benutzer sinnvolles Arbeiten in der Netzwerkumgebung, indem sie Zugriff auf verteilte Ressourcen und Dienste bietet und die Kommunikation mit anderen Prozessen auf fremden Rechnern abwickelt. Als Beispiel für die bekanntesten Dienste seien genannt:

- FTP
- email
- remote login
- virtuelles Terminal

Darstellungsschicht

Der Zweck der Darstellungsschicht besteht darin, Unterschiede in der Informationsdarstellung zwischen Anwendungsinstanzen auszugleichen. Sie erlaubt eine Kommunikation zwischen Anwendungen, die auf verschiedenen Rechnern ablaufen und dabei eventuell verschiedene Zeichensätze (ASCII, EBCDIC), Zahlenformate (Mantissegröße, VZ-Bit) oder Steuerzeichen (CR, CRLF) verwenden. Damit der Kommunikationspartner die empfangenen Daten auch verstehen kann, müssen also Funktionen wie Transformation, Formatierung, Strukturierung, Codierung und Kompression der Daten einheitlich geregelt sein.

Sitzungsschicht

Die Sitzungsschicht ist eine Abstraktion der vier darunterliegenden Schichten, die für den eigentlichen Datentransport zuständig sind. Es werden der Darstellungsschicht Dienste für die Ablaufsteuerung zur Verfügung gestellt, wie z.B.:

- Auf- und Abbau einer Sitzung
- Wiederaufbau einer unterbrochenen Sitzung
- Synchronisation zwischen den Kommunikationspartnern
- Verwaltung von Benutzerkennungen und Paßwörtern
- Abrechnungsaufgaben (*Accounting*)

Transportschicht

Die Transportschicht bildet die Grenze zwischen anwendungsorientierten und kommunikationsorientierten Schichten. Sie ist somit die unterste Schicht, die ein Ende-zu-Ende-Protokoll[7] von Station zu Station verwendet und verantwortlich für den Verbindungsauf- und -abbau zwischen den Prozessen. Dabei können mehrere solcher Verbindungen zu einer Sitzung gehören, aber auch mehrere Sitzungen sich einer Ende-zu-Ende-Verbindung bedienen (*Multiplexen*). Die grundlegenden Funktionen der Transportschicht sind:

- Auf- und Abbau von Ende-zu-Ende-Verbindungen zwischen Prozessen
- Zuordnung von logischen Adressen
- Steuerung der Dienstgüte (Durchsatz, Antwortzeit)
- Pufferung und Aufteilen/Zusammenfügen von Nachrichten
- Ende-zu-Ende-Fehlerbehandlung
- Multiplexen von Verbindungswegen der Vermittlungsschicht

Vermittlungsschicht

Primäre Aufgabe der Vermittlungsschicht ist die Übermittlung von Datenpaketen zwischen Kommunikationsendpunkten. Da die Endpunkte in verschiedenen Netzwerken liegen können, muß diese Schicht auch das Kommunikationssubnetz, zu dem alle zwischen den beiden Kommunikationspartnern liegenden Netzwerke und Router gehören, kontrollieren. Dabei fallen Aufgabe wie Wegewahl, geeignetes Multiplexen der Verbindungswege oder *Flußregelung* an. Im einzelnen übernimmt diese Schicht u.a. folgende Funktionen [KowBur94]:

- Wegewahl (*Routing*) innerhalb des Netzes
- Multiplexen von Verbindungen der Sicherungsebene
- Netzlastkontrolle
- Flußsteuerung
- Adressierung der Endknoten

Sicherungsschicht

Die Aufgabe der Sicherungsschicht ist es, die physikalische Leitung mittels Fehler- und Flußkontrolle[8] - durch Prüfsummenberechnung und Wiederholung fehlerhafter Pakete - in eine Punkt-zu-Punkt-Verbindung umzuwandeln, die der Vermittlungsschicht relativ fehlerfrei erscheint. Sie verpackt die Daten in Rahmen und überträgt sie transparent für höhere Schichten an den physisch nächsten Netzknoten. Bei Mehrfachzugriffsmedien sorgt sie außerdem für die Zugriffsregelung.

Bitübertragungsschicht

Die Bitübertragungsschicht als unterste Ebene des OSI-Referenzmodells ist mit der Übertragung von Bits über eine physikalische Leitung befaßt, auf der die eigentliche, ungesicherte Datenübertragung stattfindet. Sie erfüllt alle Funktionen, die mit Signalisierung, Modulation und Bitsynchronisation verbunden sind. Sie kann eine Fehlererkennung durch Überwachen

---

[7] D.h. aus Anwendersicht ohne Zwischenpunkte.
[8] Vermeiden von Stauungen.

der Signalqualität leisten. Die mechanischen und elektrischen Spezifikationen von Steckern und Buchsen einer physikalischen Schnittstelle zum Netzwerk werden als Teil dieser Schicht betrachtet [SloKra89].

Zu dem Zeitpunkt als das ISO/OSI-Referenzmodell vorgestellt wurde, waren schon einige andere Kommunikationsprotokolle im praktischen Einsatz, die eine größere Verbreitung des OSI-Standards bis heute verhindert haben. Es findet nur selten praktischen Einsatz und wird statt dessen häufig als Referenzmodell für theoretische Vergleiche mit anderen Protokollfamilien verwendet.

Als wichtigster Protokoll-Stack, der mittlerweile als de-facto-Standard zu betrachten ist, soll hier die Internet-Protokollfamilie vorgestellt werden. Die auch als *TCP/IP-Suite* bezeichnete Sammlung von Übertragungsprotokollen wird an der UNI Kaiserslautern z.Zt. in ca. 85% aller Subnetze[9] eingesetzt und steht deshalb im Mittelpunkt der Untersuchungen für diese Arbeit.

1.2.2 Die Internet-Protokollfamilie

Da das Netzwerk der Universität Kaiserslautern auf TCP/IP aufgebaut ist, soll hier auch dieses Modell kurz erklärt und dem OSI-Stack gegenüber gestellt werden. Im Gegensatz zum OSI-Referenzmodell besteht das Schichten-Modell hier nur aus 4 Ebenen, die sich nur bedingt in die 7 Schichten des OSI-Modells einordnen lassen, weil dieses - wie bereits erwähnt - erst nach dem Internet-Protokoll entstanden ist. Eine ungefähre Einordnung würde wie folgt aussehen:

- Anwendungsschicht (Anwendungsschicht, Darstellungsschicht, Sitzungsschicht)
- Transportschicht (Transportschicht)
- Internetschicht (Vermittlungsschicht)
- Schnittstellenschicht (Sicherungsschicht, Bitübertragungsschicht)

Anwendungsschicht

Die Anwendungsschicht vereint in sich die Funktionalität der obersten drei Schichten des OSI-Modells. Sie bietet eine Reihe von Endbenutzerprogrammen und Protokollen für die interne Verwaltung des Netzwerks. Einige der wichtigsten Protokolle sind:

- File Transfer Protokoll (FTP)
- Network Terminal Protokoll (Telnet)
- Network News Transfer Protokoll (NNTP)
- Simple Mail Transfer Protokoll (SMTP)
- Domain Name Service (DNS)
- Routing Information Protokoll (RIP)
- Network File System (NFS)
- Simple Network Management Protokoll (SNMP)

---

[9] Dieser Wert dürfte auch repräsentativ für die weltweit installierte Basis von Netzwerken sein.

Transportschicht

Die Transportschicht ist für die Datenübertragung zwischen Endsystemen mit einem von der Anwendung gewählten Grad an Verläßlichkeit verantwortlich. In der Praxis haben sich vor allem zwei Varianten durchgesetzt.

Zum einen das *User Datagramm Protocol (UDP)*, das einen ungesicherten, verbindungslosen Dienst ohne Fehlerbehandlung realisiert. Dabei werden einzelne Datenpakete jeweils mit der Kennung des Empfängers versehen abgeschickt, ohne eine Quittung über die korrekte Ankunft zu erhalten. Die übertragenen Daten sind lediglich durch eine Prüfsumme geschützt.

Die andere Möglichkeit ist das *Transmission Control Protocol (TCP)*, das verbindungsorientiert, verläßlich und mit eigener Fehlerkorrektur arbeitet. Verbindungsorientiert heißt, daß für die Kommunikation 3 Phasen benötigt werden: Verbindungsaufbau, Datenübertragung, Verbindungsabbau. In diesem Fall wird jedes Datenpaket bei der Übermittlung quittiert bzw. beim Ausbleiben der Quittung nach einer gewissen Zeit wiederholt.

Weitere wichtige Protokolle, die auf dieser Schicht anzusiedeln sind, ohne daß sie eigentliche Transportaufgaben durchführen, sind diverse Routing-Protokolle und das *Internet Control Message Protocol (ICMP)*, mit dem Kontrollinformationen verschickt werden.

Internetschicht

Die Internetschicht erhielt ihrer Namen von dem wohl wichtigsten Protokoll der TCP/IP-Suite, dem *Internet Protocol (IP)*. Es stellt den übergeordneten Schichten einen verbindungslosen, nicht verläßlichen Datagramm-Dienst zur Verfügung und hat vor allem zwei Aufgaben:

• Adressierung und Weiterleitung (Routing) von Datagrammen quer durch das Netz

• Fragmentierung und Reassemblierung von Datagrammen, falls die Paketgröße beim Übergang zwischen verschiedenen physikalischen Netzwerken den unterschiedlichen Medien angepaßt werden muß.

Für das Routing erhält jedes Datagramm die vollständigen Adressen von Sender und Empfänger und wird damit unabhängig[10] von anderen Datenpaketen weitergeleitet. Fragmentierung wird nötig, falls ein Paket größer ist, als die jeweilige *Maximum Transfer Unit (MTU)* der Schnittstellenschicht des neuen Netzes angibt.

Schnittstellenschicht

Die Schnittstellenschicht als unterste Ebene der TCP/IP-Protokollarchitektur befaßt sich mit der Datenübertragung auf dem physikalischen Medium. Dazu werden die Formate (*Frames*) der übertragenen Daten, die physikalischen Eigenschaften des Kabels, die Anschlüsse und Signale spezifiziert. Außerdem ist der MAC-Sublayer enthalten, der die Zugriffskontrolle auf das Medium regelt (vgl. Abschnitt 'Mediumzugriff' auf Seite 6).

---

[10] D.h. die einzelnen, zu einer Verbindung gehörenden Pakete können durchaus auf verschiedenen Wegen und unterschiedlich schnell an ihr gemeinsames Ziel gelangen. Das Zusammensetzen in der richtigen Reihenfolge ist dann Aufgabe der Internetschicht der Empfängerseite.

1.3 Netzwerkmanagement

"Unter Netzwerkmanagement versteht man die Gesamtheit der Vorkehrungen und Aktivitäten zur Sicherstellung des effizienten Einsatzes eines Kommunikationssystems"
[Kerner93]

In den letzten Jahren sind die Datennetze in allen Bereichen von Industrie und Verwaltung nicht nur explosionsartig in Bezug auf Ausdehnung und Anzahl der installierten Knoten gewachsen, sondern zudem immer komplexer geworden. Bedingt durch die Notwendigkeit, Abteilungsnetze unterschiedlicher Ausprägung (Ethernet, Token Ring, FDDI, etc.) miteinander zu verbinden, sowie durch die Forderung nach Anbindung entfernter Standorte, sind heterogene Strukturen entstanden, die oft nur schwer zu durchschauen sind [Brinkm95].

Die Verwaltung, d.h. das Management, solcher Netzwerke wird außer durch die Heterogenität, erschwert durch:

· die große Anzahl der angeschlossenen Geräte, meist unterschiedlicher Hersteller.

· moderne, komplexe Netzwerkbausteine wie Router und Gateways mit hoher Funktionsvielfalt.

· diverse Kommunikationsprotokolle, die zumindest in autonomen Subnetzen der Netzstruktur verwendet werden, teilweise aber auch in alle Bereiche geroutet werden.

· steigende Anzahl von Netzdiensten wie Mail, News, FTP, Gopher und WWW, die ihrerseits z.T. zusätzlich eigene *Sockets* benutzen.

· gestiegene Benutzeransprüche an Geschwindigkeit und Zuverlässigkeit.

Um diesen Ansprüchen gerecht zu werden, muß der Betreiber ein geeignetes Überwachungssystem implementieren. In diesem Kapitel werden der Begriff Netzwerkmanagement und die dahinter steckende Funktionalität erläutert.

1.3.1 Aufgaben des Netzwerkmanagement

Netzwerkmanagement ist - bildlich gesprochen - nicht die Feuerwehr, die gerufen wird, wenn es im Haus schon brennt, sondern es soll ein Brand ganz verhindert oder zumindest im Keim bemerkt und erstickt werden. Dazu müssen laufend Informationen über den aktuellen Zustand des Netzes und seiner Komponenten beschafft (Statuskontrolle) und mit vorgegebenen Richtwerten verglichen werden. Bei Abweichungen wird eine Meldung an den Netzwerkmanager abgesetzt und - soweit möglich - werden automatische Maßnahmen zur Behebung oder Eingrenzung der Fehlfunktion durchgeführt. Was hier lapidar als Fehlfunktion bezeichnet wird, ist in Wirklichkeit eine vielschichtige Menge von möglichen Ausnahmesituationen, die sich teilweise nur schwer in einer geschlossenen Definition erfassen lassen.

Aus dieser Kurzbeschreibung lassen sich deutlich die zwei Grundfunktionen des Netzwerkmanagements herauslesen [KowBur94]:

Überwachung

Netzwerkkomponenten sollten aus zwei Gründen ständig überwacht werden. Zunächst lassen sich so während des laufenden Betriebs Daten über den Normalzustand einer Komponente sammeln, die ausgewertet und aufbereitet als Vergleichsdaten dienen. Außerdem können durch die Überwachung Abweichungen zwischen den erwarteten und den tatsächlichen Daten erkannt und gemeldet werden, woraufhin korrigierende Maßnahmen einzuleiten sind.

Steuerung

Die Steuerung einer Komponente des Netzwerks ist der gezielte Eingriff in den Zustand einer Komponente, um z.b. Parameter zu verändern oder bestimmte Funktionen auszulösen. Eine Komponente kann nur dann sinnvoll gesteuert werden, wenn bekannt ist, welchen Zustand sie überhaupt annehmen soll. Diese Information erhält man aus der oben angesprochenen, dauerhaften Überwachung.

Die Steuerung erfolgt nicht blind mit einem beliebigen Wert, sondern aufgrund dem Vergleich von erwartetem *Sollwert* und dem aus der Überwachung gewonnen *Istwert*. Da sie außerdem für einen stabilen Betriebszustands des Netzes ständig wiederholt wird, muß man richtigerweiße von Regelung sprechen[11]. Damit eröffnet man aus dem Thema des Managements das weite Problemfeld der *Regelungstheorie* mit allen seinen bekannten Fragestellungen nach der Stabilität *rückgekoppelter Systeme*, wie z.b.:

- benötigte Abtastfrequenz
- Geschwindigkeit der Istwert-Änderung
- Schwingungsverhalten des Systems
- Zeitverhalten von Regler und Strecke
- verwendete Regelungsalgorithmen
- stoßfreie Überführung in den Handbetreib bei Aus-/Notfällen

1.3.2 Netzwerkmanagement nach OSI

Die ISO hat sich bei der Entwicklung des Modells für die Offenen Netze zunächst auf die grundlegenden Strukturen konzentriert, danach wurde mit der Entwicklung der ergänzenden Managementstruktur begonnen. Dabei wurde ein Rahmen festgelegt, der grob die Aufgaben des Netzmanagements bestimmt und das Zusammenspiel der beteiligten Instanzen regelt. Dafür wurde eine Abstraktionsebene geschaffen, mit der man die im Netz befindlichen Komponenten herstellerneutral beschreiben kann. Sie dient zur Definition von Funktionen, die durch das Netzmanagement unterstützt werden sollen [Ganter93].

Die Aufgaben, die ein Netzwerkmanagement nach OSI zu erfüllen hat, werden grob in die folgenden fünf Bereiche eingeteilt [Rose93]:

- **Konfigurationsmanagement:** Erkennen und Überwachen des statischen Zustandes und der geographischen Ausprägung des Netzes.
- **Leistungsmanagement:** Kontrollieren und Analysieren des Datendurchsatzes und der Fehlerrate.
- **Fehlermanagement:** Kontrollieren, Feststellen, Isolieren und Beheben von nicht normalem Netzwerkverhalten.
- **Abrechnungsmanagement:** Sammeln und Verarbeiten von Daten über die Betriebsmittelnutzung.
- **Sicherheitsmanagement:** Zugangskontrolle und Paßwortverwaltung.

---

[11] Def. Regelung: Ein oder mehrere Zustandsgrößen fortlaufend erfassen (Regelgrößen) und nach Vergleich mit anderen Größen (Führungsgrößen) mit dem Ziel der Angleichung Stellgrößen des Prozesses (hier der Regelstrecke) beeinflussen [Puttkam93].

Konfigurationsmanagement

Das Konfigurationsmanagement bietet dem Netzmanager die Möglichkeit, Kontrolle über das System auszuüben, indem er z.b. Parameter modifiziert, welche den Betrieb des Netzes beeinflussen. Zusätzlich sammelt es ständig Daten über den gegenwärtigen Zustand. Diese Informationen werden in einer Datenbank verwaltet, auf die der Netzwerkbetreiber zugreifen kann. Dabei fallen besonders bei einem heterogenen Netzwerk große Datenmengen an, deren Modellierung eine komplexe Aufgabe darstellt. Zwei Arbeiten auf diesem Gebiet, die sich speziell mit der Situation an der Uni Kaiserslautern beschäftigen, sind [Scheel90] und [HeKe93].

Fehlermanagement

Eine der wichtigsten Eigenschaften eines Kommunikationssystems zur Aufrechterhaltung eines reibungslosen Betriebs ist die frühzeitige Fehlererkennung und -behandlung, noch bevor der Anwender in seiner Arbeit beeinträchtigt wird. Der Grund für einen Fehler kann dabei ein physikalischer Defekt, die falsche Konfiguration von Komponenten, ein Softwarefehler oder falsche Bedienung bis hin zur böswilligen Sabotage sein. In allen Fällen ist eine schnelle und dauerhafte Lösung des Problems anzustreben, wobei sich die beiden gewünschten Eigenschaften allerdings bis zu einem gewissen Grad komplementär verhalten. Das systematische Vorgehen im Fehlerfall umfaßt die folgenden Schritte [Ganter93]:

- Fehlererkennung
- Fehlerlokalisierung
- Fehlerbehebung

Unter Umständen werden durch einen einzigen Fehler allerdings eine ganze Kettenreaktion von Folgefehlern ausgelöst, wodurch insbesondere die Fehlerisolierung erschwert wird, weil sich der eigentliche Verursacher hinter einer großen Menge von Fehlermeldungen versteckt. Das erfordert zusätzlich eine Prioritäteneinteilung der Fehler, denn oftmals erledigt sich ein Problem von selbst, sobald man einen Fehler höherer Priorität beseitigt hat.

Eine weitere wichtige Anforderung ist die Fähigkeit, Fehler zu bearbeiten, die nicht eindeutig lokalisierbar oder identifizierbar sind, da die Art des Fehlers eine genaue Diagnose nicht zuläßt. So kann z.B. das Ausbleiben einer Verbindungsbestätigung zu einem Netzknoten ganz verschiedene Gründe haben, etwa Leitungsausfall, Ausfall des Knotens oder Ausfall eines Moduls. Hierzu sollte das Netzmanagement-System über eine Aufzeichnung ähnlicher Fehler und deren Ursachen verfügen und dann versuchen über eine Plausibilitätsuntersuchung zu einem Ergebnis zu kommen.

Leistungsmanagement

Neben fehlerbedingten Ausfällen hat das Netzwerkmanagement auch die Aufgabe, sich um Beeinträchtigungen des Netzbetriebs durch mangelnde Leistung und Verarbeitungsgeschwindigkeit, entstanden durch Überlastsituationen und Engpässe, zu kümmern. Dieser Teil - das Leistungsmanagement - soll die aktuelle Leistung des Netzes überwachen und im Falle eines Leistungseinbruches so reagieren, daß die vom Benutzer erwartete Qualität des Übertragungsdienstes sichergestellt wird (z.B. durch Verändern entsprechender Parameter, physikalische Änderungen im Netz). Es werden vier Aufgabengebiete unterschieden [Ganter93]:

- Monitoring: Beobachtung der Leistung der Aktivitäten im Netz.
- Control: Verarbeitung und Darstellung der beim Monitoring gesammelten Rohdaten.
- Analysis: Auswertung der beim Monitoring gesammelten Daten zur Bewertung der Leistungsfähigkeit des Netzes.
- Tuning: Durchführung leistungsfördernder Aktionen (z.b. Konfiguration von Netzkomponenten ändern, alternative Datenwege schalten).

Die Analyse setzt wiederum einen Datenstamm aus dem Normalbetrieb voraus, der als Vergleichsgrundlage dient. Das Leistungsmanagement kann als eine Vorstufe des Fehlermanagement gesehen werden, da eine Performance-Abnahme oft auf eine Fehlersituation hindeutet, die entstanden ist oder sich gerade ankündigt.

Zusätzlich zum oder anstatt des eigentlichen Netzwerkverkehrs, kann auch eine sogenannte *Lastsimulation* durchgeführt werden. Dabei werden künstlich Datenpakete erzeugt und beobachtet, wie sich die Performance-relevanten Parameter des Netzes (Antwortzeit, Durchsatz, Kollisionsrate bei Ethernet, CPU-Belastung von Router oder Bridges, etc.) verändern. Damit werden Schwachstellen und Engpässe frühzeitig entdeckt, bevor sie den normalen Betrieb beeinträchtigen. Ebenso kann das Netz darauf getestet werden, wie gut es zukünftigen Anforderungen gewachsen ist.

Abrechnungsmanagement

Damit der Netzwerkbetreiber die anfallenden Kosten für den Unterhalt der Rechenanlage verursachungsgerecht auf die einzelnen Benutzer umlegen kann, muß die Ressourcennutzung detailliert erfaßt werden.

Der verwendete Abrechnungsalgorithmus kann beliebig kompliziert werden, falls er neben der gespeicherten und übertragenen Datenmenge auch CPU-Belastung, gewünschte Antwortzeit (*Quality of Service, QoS*), unterschiedliche Entfernungszonen und Tageszeiten, sowie beanspruchte Peripherie (Drucker, Modem) berücksichtigt. Das widerspricht allerdings der Vorgabe, daß ein Abrechnungsalgorithmus für den Benutzer transparent und nachvollziehbar sein sollte, ganz abgesehen davon, daß es recht schwierig wird, die kostenbelastenden Unterschiede zwischen einem Programmlauf nachts gegenüber der Ausführung zu morgendlichen Stoßzeiten genau zu quantifizieren.

Sicherheitsmanagement

Da die Benutzer von weltweit vernetzten Computeranlagen Zugriff auf eine große Menge von Rechnern und damit z.T. hochsensitiven Daten haben, muß zum einen aus Gründen des Datenschutzes sowie zur Aufrechterhaltung eines stabilen Betriebszustandes der Rechenanlage, eine Zugriffskontrolle erfolgen. Während ein neugieriger Firmenangehöriger schon eine Menge gezielter Mechanismen in Gang setzen muß, um beispielsweise in die Datenbank der Lohnbuchhaltung einzudringen, könnte ein unbedachtes 'rm -r *', das eigentlich in einem persönlichen Datenverzeichnis aufräumen sollte, im root-Verzeichnis einer Workstation ohne böse Absicht großen Schaden anrichten.

Die beiden wichtigsten Komponenten des Sicherheitsmanagements sind somit:

- Authentisierung

- Autorisierung

Die Authentisierung sorgt für eine eindeutige Identifizierung des Benutzers und ist darum meistens mit der Abfrage eines geheimen Paßwort verbunden. Damit wird geprüft, ob eine Person überhaupt berechtigt ist, auf dem System zu arbeiten. Danach kann jede von der Person durchgeführte Aktion ihr zweifelsfrei zugeordnet und auch aufgezeichnet werden.

Die Autorisierung ordnet dann den Benutzern gewisse Zugriffsrechte zu, nachdem sie sich über ihre Benutzerkennungen ordnungsgemäß ausgewiesen haben. Damit kann selektiert werden, welche Personen welche Aktionen ausführen dürfen.

Weitere Möglichkeiten des Sicherheitsmanagements, die aber am RHRK z.Zt. noch nicht genutzt werden, sind die *Kryptographie* und die Verwaltung der zugehörigen Schlüssel. Dabei werden sicherheitsrelevante Daten so verschlüsselt, daß sie ohne Schlüssel nicht mehr mit vertretbarem Aufwand an Rechenkapazität dechiffriert werden können. Man unterscheidet dabei Verfahren mit öffentlichen Schlüsseln und privaten Schlüsseln [Tanenb92].

Bei den öffentlichen Verfahren wird der Schlüssel zum Codieren der Nachricht, die an einen gesendet werden soll, bekannt gegeben. Der Sender verschlüsselt die Nachricht entsprechend und überträgt sie an den Empfänger. Die Dechiffrierung ist aber nur noch mit einem geheimen Key möglich, der vom Empfänger vor der Veröffentlichung des public-key passend zu diesem erzeugt wird. Beispiele für Verfahren mit öffentlichen Schlüsseln sind *RSA* (Rivest, Shamir, Adelman) oder *PGP (Pretty Good Privacy)* ein Standard, der im Internet zunehmend Verbreitung findet.

Um einen privaten Schlüssel für die Datenübertragung zu bekommen, wendet sich der Sender an einen sogenannten *Schlüsselserver*, der von jeden Kommunikationspartner einen Key gespeichert hat. Der Server errechnet für diese Datenübertragung aus den Keys der kommunikationswilligen Teilnehmern einen neuen Key, mit dem nur die beiden Sender und Empfänger, die ihre ursprünglichen Keys kennen, etwas anfangen können. Private Verfahren sind z.B. *DES (Data Encryption Standard,* US-Standard, darf nicht exportiert werden!) und *Kerberos.*

Ein weiterer Aspekt der Managementinteraktionen ist ihr zeitlicher Horizont. Die Managementdaten unterliegen verschiedenen Änderungsraten. Es sind drei Kategorien zu unterscheiden. Zum einen kurzfristige mit einer Dauer von Sekunden bis Minuten (z.B. Fehleranalyse und Fehlermeldung), mittelfristige mit einer Spanne von Stunden bis Tagen (z.B. Bereitstellung von Ersatzkomponenten) sowie langfristige, die sich über einen Zeitraum von Monaten und Jahren erstrecken (z.B. Systemfortentwicklung).

In dieser Arbeit werden nur die ersten 3 Bereiche des 5-teiligen OSI-Managementansatzes berücksichtigt. Die Sicherheitsfrage ist mit der einmaligen Vergabe von Zugangsberechtigungen an die Benutzer zu Genüge geklärt und stellt im laufenden Betrieb kein allzu großes Problem für den Systemmanager dar. Auf ein Abrechnungsmanagement kann auch weitgehend verzichtet werden. Zum einen werden den Benutzern des Netzwerks an der Uni Kaiserslautern - überwiegend Studenten und wissenschaftliche Mitarbeiter - z.Zt. noch keinerlei Gebühren für die verwendeten Ressourcen in Rechnung gestellt. Zum anderen bezahlt die Hochschule selbst nur eine Pauschale[12] für den Internet-Zugang, so daß auch eine interne Kontrolle, an welchen Stellen variable bzw. nutzungsbedingte Kosten entstehen, nicht vonnöten ist.

---

[12] Ab einer gewissen Datenmenge greift allerdings der nächsthöhere Pauschalbetrag, so daß eine Art Treppenfunktion für die Zuordnung 'übertragene Datenmenge -> zu bezahlende Kosten' entsteht.

Während der Entstehung dieser Arbeit waren jedoch schon Anstrengungen im Gange, um die Möglichkeiten der internen Kontrolle zu prüfen. Damit sollen die transferierten Datenmengen überwacht werden, um die einzelnen Netzteilnehmer zumindest auf ihre (übermäßige) Ressourcenverwendung hinzuweisen, wenn nicht sogar an den Kosten zu beteiligen. Es wäre auch eine Art Quota denkbar, die nur ein gewisses Datenvolumen pro Monat o.ä. zuläßt.

1.3.3 Benötigte Infrastruktur für Netzwerkmanagement

Zur Überwachung und Steuerung eines Netzes benötigt man selbstverständlich eine gewisse Ausstattung von Hard- und Software, die teilweise sowieso schon vorhanden ist (z.b. Verkabelung), zum überwiegenden Teil aber speziell für diese Aufgabe angeschafft werden muß.

Komponenten des Netzwerkmanagement

Ein Netzwerkmanagement-System besteht aus 3 Teilen [Rose93]:
- einer Menge von verwalteten Knoten
- mindestens einer Netzwerkmanagement-Station
- einem Netzwerkmanagement-Protokoll

Netzwerkknoten

Jedes Gerät, das über ein Interface an das Netzwerk angeschlossen ist, wird als ein Netzwerkknoten bezeichnet. Typischerweise sind das (vgl. Seite 3):
- Hosts: Großrechner, Workstations, PCs
- Strukturierungselemente: Transceiver, Repeater, Hubs, Router, Bridges, Gateways
- Peripheriegeräte: Drucker, Plotter, Terminals, Modems

Die Gemeinsamkeit der 3 Gruppen liegt in ihrem Anschluß an das Netz. Allerdings arbeiten sie auf unterschiedlichen Ebenen des Internet-Modells (vgl. Seite 14), so daß auch die Eingriffsmöglichkeiten des Netzwerkmanagements unterschiedlich ausfallen.

Damit der Knoten von dem Netzwerkmanagement-System aus angesprochen und verwaltet werden kann, muß darauf - neben dem eigentlichen Netzprotokoll, das die Funktionalität für den Anwender erbringt - noch ein Netzwerkmanagement-Protokoll mitlaufen. Für die Umsetzung der Zugriffsbefehle von außen ist auf dem Knoten ein sogenannter *Agent* installiert, der die Anforderungen der Netzwerkmanagement-Station entgegennimmt und auf dem Knoten die entsprechenden Funktionen ausführt.

Für Geräte, auf denen kein Agent installiert werden kann, weil z.B. das Netzwerkmanagement-Protokoll nicht nachrüstbar ist, wird irgendwo anders im Netz ein sogenannter *Proxy-Agent* installiert, der anstatt des eigentlichen Agenten die Anfragen entgegen nimmt und in entsprechende Zugriffe übersetzt, die das zu verwaltende Gerät unterstützt.

Netzwerkmanagement-Station

Eine Netzwerkmanagement-Station ist ein ausgezeichneter Rechner, auf dem aus Gründen der Rechenleistung idealerweise nur die Netzwerkmanagement-Anwendung und das zugehörige Netzwerkmanagement-Protokoll läuft. Da die Agenten gemäß der Grundannahme von [Rose93]

"Der Einfluß auf verwaltete Knoten durch das Hinzufügen von Netzverwaltung muß möglichst klein[13] sein, also den kleinsten gemeinsamen Nenner darstellen."

einfach gehalten sind, erfolgt die eigentliche Arbeit der Überwachung und Auswertung erst auf der Netzwerkmanagement-Station. Dazu ist eine hohe CPU-Leistung und Speicherkapazität der verwendeten Maschine nötig. Für die Untersuchungen zu dieser Arbeit wurde eine IBM RISC 6000 Modell 20 mit 2 GB Festplattenkapazität und 64 MB Hauptspeicher verwendet (vgl. Anhang auf Seite 90).

In großen Netzen, insbesondere bei vollständiger, umfassender Kontrolle, kann auch die Verarbeitungskapazität einer leistungsstarken Workstation überfordert sein. In diesem Fall ist es angebracht, das Management auf verschiedene Rechner zu verteilen, die an strategisch wichtigen Positionen im Netz verteilt und nur für ein einziges Subnetz zuständig sind. Das hat zusätzlich noch den Vorteil, daß die durch die Verwaltung bedingte Netzlast etwas lokaler eingegrenzt werden kann. Ebenso ist eine hierarchische Ausbildung der Managementstruktur denkbar, bei der die lokalen Netzwerkmanagement-Stationen völlig autonom von der Hauptstelle betrieben werden und nur bei globalen Problemen zu einem Gesamtsystem zusammengeschaltet werden.

Netzwerkmanagement-Protokoll

Die vor Ort in den Netzknoten erfaßten Daten werden dort zwar nicht weiter verarbeitet (das ist Aufgabe der Netzwerkmanagement-Station, s.o.), aber bis zur Übertragung an die auswertende Station gespeichert. Das geschieht in einer sogenannten *Management Information Base (MIB)*, einer Art Datenstruktur im Speicher des Netzknotens, bestehend aus einzelnen Variablen. An dieser Stelle wird auch ersichtlich, warum nicht auf jedem Knoten ein Agent zur Überwachung des Netzzustandes installiert werden kann, denn zur Datenerfassung können einige MB Hauptspeicher im Gerät nötig sein.

Das Auslesen der MIB erfolgt üblicherweise mit einem speziellen Protokoll. In unserem Fall handelt es sich dabei um das *Simple Network Management Protokoll (SNMP)*. Eine ausführliche Beschreibung der Funktionen von SNMP und einer MIB, die Bezug nimmt auf das Netz der Uni Kaiserslautern, findet sich in [Kemper94]. Zusammenfassend seien hier nur kurz die wichtigsten Eigenschaften beschrieben.

Auf die Variablen in der MIB kann man mittels SNMP - oder einem vergleichbaren Netzwerkmanagement-Protokoll - sowohl lesend als auch schreibend zugreifen. Das entspricht der geforderten Funktionalität für Netzwerkknoten, die überwacht (Variablen auslesen) und angesteuert (Variablen mit neuen Werten belegen) werden sollen (vgl. Seite 16). Ein expliziter Befehl zum Auslösen von Aktionen in einem Netzknoten gibt es unter SNMP nicht. Dazu wird statt dessen einfach ein dafür vorgesehener Wert in eine spezielle Variable geschrieben.

Neben den Lese- und Schreiboperationen benötigt man noch zwei weitere Operationen:

- Eine Durchlauf-Operation, mit der die Managementstation sukzessive durch alle Variablen durchlaufen und sich so einen Überblick über alle angebotenen Werte verschaffen kann.

- Eine Trap-Operation, mit der ein verwalteter Knoten ein unvorhersehbares Ereignis an die Managementstation melden kann.

---

[13] An dieser Stelle wird die Anwendbarkeit der Heisenberg'schen Unschärferelation ("Man kann nichts beobachten, ohne auf das beobachtete Objekt einzuwirken") auf das Netzwerkmanagement ersichtlich, denn jedes Messen des Netzzustandes erzeugt selbst Datenverkehr, der das Ergebnis beeinflußt.

Da nicht in jedem Gerät alle denkbaren MIB-Variablen sinnvoll sind, sind sie auch nicht immer implementiert und die Durchlaufoperation zum Suchen recht praktisch. Man kann diese Funktion auch dazu benutzen, aus nicht-skalaren Variablen (z.b. Routing-Tabellen) alle Werte Stück für Stück auszulesen.

Ohne eine Trap-Operation müßte die Managementstation periodisch alle Knoten abfragen, ob ein wichtiges Ereignis eingetreten ist. Dazu wird - insbesondere bei häufigen Anfragen - zusätzliche Rechen- und Netzkapazität benötigt, obwohl eventuell keine positive Antwort erfolgt. Bei zu großen Abfrageintervallen hat dieses - *Polling* genannte - Verfahren hingegen den Nachteil, daß wichtige Ereignisse lange Zeit unberücksichtigt bleiben.

In dem hier betrachteten System wird das Modell des *trap-directed polling* verwendet. Dabei schickt der Netzknoten im Falle eines besonderen Ereignisses einen Trap ohne besondere Daten ab und die Managementstation wird dann alle nötigen Informationen selbst abfragen. Dadurch muß der Knoten keine umfangreichen Traps mit Meßwerten zusammenstellen, wodurch er nur von anderer, sinnvollerer Arbeit abgehalten würde. Statt dessen wird die Managementstation gezielt bei verschiedenen Knoten relevante Daten erfragen. Da die Traps nur sporadisch gesendet werden, auf sie keine Antwort erfolgen muß und sie oder die Antwort im Falle einer unterbrochenen Leitung gar nicht ankommen, benutzt die Managementstation zusätzlich ein niederfrequentes Polling, um sich von Zeit zu Zeit von der Funktionsfähigkeit der Netzknoten zu überzeugen.

Bei Anwendung des Client-Server-Modells sind somit die Managementstationen als Client und der Netzknoten als Server zu betrachten.

Grundannahmen beim Internet-Management

Bei dem Entwurf des Internet-Managements haben sich die Entwickler unter anderem auf 3 Grundannahmen gestützt [Rose93]. Neben der schon zitierten Vorgabe, daß die Verwaltung eines Knotens diesen nur minimal belasten darf (vgl. Zitat auf Seite 22), gibt es noch zwei weitere Richtlinien:

"Falls man die Verwaltung des Netzwerks als wesentlichen Aspekt eines Internets betrachtet, dann muß es auf möglichst allen Geräten im Netz installiert werden."

"Wenn alles andere schief geht, muß die Netzverwaltung, wenn irgend möglich, noch funktionieren."

Die Problematik im ersten Punkt ist die, daß es aus finanziellen Gründen oft nicht möglich ist, alle Knoten mit einem SNMP-Agenten und der oft zusätzlich benötigten Hardware aus- bzw. nachzurüsten. Vorausgesetzt, der Hersteller bietet es überhaupt an. Wenn man den Begriff Internet-Management wörtlich nimmt, kommt man des weiteren zu dem Schluß, daß ein bereichsübergreifendes Netz verwaltet werden soll. Es stellt sich somit die Frage, ob sich der eine (möglicherweise autonome) Bereich die Überwachung durch eine andere Instanz gefallen läßt. Hier spielen also auch politische Faktoren eine Rolle.

Der zweite Punkt setzt voraus, daß selbst bei unterbrochenem Netzkabel die Managementinformationen immer noch übertragen werden. Das ist natürlich nur möglich, wenn sie über eine andere Leitung als die Nutzdaten fließen. Es wird also ein sogenanntes *Out-of-Band-Management* durchgeführt, für das ein zweites separates Verwaltungsnetzwerk erforderlich ist. Das ist mit erheblich höheren Kosten verbunden, als das *In-Band-Management*, weil hier die Verwaltungsdaten gemeinsam mit den Nutzdaten über das eigentliche Netzkabel transportiert werden. Oder auch nicht transportiert werden, wenn eben das Netz unterbrochen ist.

Diese Betrachtung des Out-of-Band-Management geht von physikalischer Redundanz der Übertragungskanäle aus. Es wäre auch ein etwas einfacheres Out-of-Band-Konzept möglich, bei dem auf dem selben Übertragungsmedium im sogenannten *time-division-multiplex* bestimmte Zeitscheiben ausschließlich für die Übertragung von Managementinformation freigehalten werden. Dadurch könnte das Management auch bei - durch normale Nutzdaten - überlastetem Netzwerk unbeeinträchtigt arbeiten. Das ergibt jedoch keine Sicherheit gegenüber physischer Beschädigung des Übertragungsmediums.

2 Zielsetzung

In dieser Arbeit soll untersucht werden, wie sich das heterogene TCP/IP-Netz der Universität Kaiserslautern mittels eines speziellen Netzwerkmanagementtools, IBM NetView for AIX, zentral verwalten läßt. Dabei soll gezielt auf bestimmte Fragestellungen eingegangen werden, die im täglichen Betrieb des RHRK auftauchen und mit den bisherigen Methoden nur unzureichend geklärt werden konnten.

Nach einer Vorstellung des zu verwaltenden Netzwerks wird zunächst beschrieben, wie das 'Management' bisher mittels einzelner, einfacher Werkzeuge durchgeführt wurde. Des weiteren werden die wichtigsten Anforderungen genannt, die das RHRK an ein umfassendes Managementtool stellt, bis hin zu einer möglichst geschlossenen Definition der zu behandelnden Fehlersituationen.

2.1 Topologie des RHRK-LANs

Ursprünglich waren auf dem Campus nur wenige Rechner mittels Ethernet miteinander verbunden. Mit steigenden Anschlußzahlen und Anwendungen, die eine höhere Bandbreite erforderten, war die Leistungsfähigkeit nicht mehr ausreichend. Deshalb wurde jedes Gebäude mit einer Bridge ausgestattet, die eine Lasttrennung durchführten. (vgl. Definition der Bridge auf Seite 8). Somit war eine gewisse Isolierung vom Rest des Netzes erreicht. Die Verbindung zwischen den Gebäuden wurde zu dem sogenannten Ethernetbackbone ausgebaut, der die autonomen Subnetze zusammenfaßt.

Auch diese Gliederung brachte auf Dauer nicht den gewünschten Erfolg. Zusätzlich zu der weiter gestiegenen Last kamen noch sogenannte *Broadcaststürme* durch nicht konsistente *Broadcast-* und *Subnetingverfahren*, die von Bridges nicht gestoppt wurden und so durch das ganze Netzwerk hindurchfegen konnten. Die mittlerweile gefallenen Preise für Router ermöglichten es jedoch, die Trennung zwischen Gebäuden und Backbone mittels Routern statt Bridges durchzuführen, die durch Adreßfilter auch in der Lage sind, bestimmte Klassen von Datenpaketen herauszufiltern. Ein weiterer wichtiger Gesichtspunkt der Router - insbesondere im Hinblick auf den Aufbau heterogener Netze - ist die Möglichkeit das Übertragungsverfahren der OSI-Ebene 1 und 2, z.B. verschiedene Kabelarten, zu wechseln (vgl. Definition eines Routers auf Seite 9). Die frei gewordenen Bridges wurden in den Subnetzen zur weiteren Unterteilung in einzelne Segmente verwendet.

Zur Zeit besteht das Netzwerk an der Universität Kaiserslautern aus knapp 3000 Rechnern unterschiedlicher Art und ca. 18 Multiprotokollroutern der Firma Cisco, die unter anderem die Protokolle IP, XNS, DECnet, HP-Probe, AppleTalk und IPX (Novell) routen. (vgl. Abbildung des IP-Plans auf Seite 28)

Eine zentrale Rolle spielt der Router Minnetonka. Er verbindet die 5 Hauptbestandteile des UNI-Netzes, den *RHRK-FDDI-Ring*, den *FDDI-Backbone* mit den angeschlossenen Gebäuden, den alten *RHRK-Ethernet-Backbone*, das *Subnetz zur Anbindung an die Außenwelt* und das *Stockwerksnetz des Rechenzentrums*.

2.1.1 RHRK-FDDI-Ring

Der RHRK-FDDI-Ring besteht aus Lichtwellenleitern, die im Rechenzentrum im Gebäude 34 verlegt sind und dort die Hauptrechner miteinander verbinden. Das *AIX-Cluster*, bestehend aus IBM RISC 6000-Maschinen, das auch Ausgangspunkt für die praktischen Untersuchungen zu dieser Arbeit war, wird über einen sogenannten *Lichtwellenleiterkonzentrator* in den Ring integriert. Des weiteren sind dort ein Supercomputer, eine Silicon Graphics, ein Cray Vektorrechner und eine Sun eingebunden.

Das AIX-Cluster stellt Print-, File- und Compute-Server für eine breite Schicht von Nutzern zur Verfügung und wird hauptsächlich über X-Terminals angesprochen. Die Sun dient uniintern als News-Server für die Anwender im Bereich des RHRK, sowie einigen Fachbereichen, die für diese Aufgabe keinen eigenen Server zur Verfügung haben. Diese Großrechner werden von Anwendern aus allen Fachbereichen genutzt, die sich meist von ihren lokalen PCs aus auf den jeweiligen Host einloggen.

2.1.2 FDDI-Backbone

Der FDDI-Backbone ist ein Lichtwellenleiterring zur Verbindung der einzelnen, FDDI-fähigen Gebäuderouter ist als Doppelring ausgeführt. Im Normalbetrieb wird ausschließlich der primäre Ring benutzt. Erst der Ausfall einer Verbindung zwischen zwei FDDI-Stationen bewirkt eine automatische Verknüpfung des primären mit dem sekundären Ring zu einem neuen Ring (vgl. Definition der Ringtopologie auf Seite 5). Der Ausfall eines Gebäuderouters verursacht also nur die Unterbrechung der Verbindung der einzelnen Stockwerke dieses einen Gebäudes untereinander und mit dem Rest des Netzes. Ein Leitungsbruch des eigentlichen Backbones kann durch o.g. Kurzschließen sogar vollständig kompensiert werden.

Von den Gebäuderoutern aus führt je ein Ethernet-Kabel zu den einzelnen Stockwerken, in denen mittels Transceivern die Hosts angeschlossen werden. In dem neu errichteten Gebäude 42 wurde schon das leistungsfähigere, aber auch teurere *ICCS-Kabel* verwendet, das in Zukunft eine physikalische Bandbreite von 100 Mbit/s ermöglichen soll.

Eine Abweichung von der Verkabelungsstruktur betrifft die Gebäude 56, 44, 12, 48, 15 und 57. Als mit dem Aufbau des FDDI-Backbones begonnen wurde, waren nicht alle Entscheidungsträger von der Notwendigkeit einer für damalige Verhältnisse äußerst leistungsfähigen Gebäudeverbindung überzeugt[14]. Die finanziellen Mittel mußten somit für eine 'Sparversion' des LWL verwendet werden. Deshalb konnten für die ersten an den FDDI Backbone angeschlossenen Gebäude nur jeweils ein einfacher LWL verlegt werden, die im Rechenzentrum mittels eines LWL-Konzentrators an den FDDI-Backbone angeschlossen sind. Das bedeutet natürlich für diese Gebäude, daß bei einer Unterbrechung des einen Kabels keine Verbindung mehr zur Außenwelt besteht.

---

[14] Auch heute noch ist der LWL im Schnitt nur zu etwa 1% ausgelastet. Die lasttrennenden Router, die maßgeblich zu diesem sehr guten Wert beitragen, sind allerdings stärker beansprucht.

2.1.3 Ethernetbackbone

Der bereits oben erwähnte alte Ethernetbackbone, der ursprünglich alle Rechner der Universität miteinander verbunden hat, wird Schritt für Schritt abgebaut. Er ist mittlerweile nur noch ein Subnetz, das eine Handvoll Gebäude umfaßt und durch den zentralen Router Minnetonka mit dem eigentlichen Universitätsnetz verbunden ist. Aus diesem Grund sollte er in den Untersuchungen zu dieser Arbeit keine besondere Beachtung mehr finden, da er in absehbarer Zeit vollständig verschwinden wird. Es zeigt sich jedoch, daß dort, bedingt durch eine flache, unstrukturierte Organisation von über 400 Rechnern, eine große Fehlerquelle liegt. Somit konnten die meisten Unregelmäßigkeiten dort nachvollzogen werden. Zudem erfolgt die augenblickliche Überwachung dieses Segments mit den PC-Programmen *LAN-Watch* und *NAT NMS*, die auf der Seite 31 näher beschrieben sind. Dadurch konnten dort vermutete Fehlerquellen gleich anhand erprobter Verfahren verifiziert werden.

2.1.4 Externer Anschluß

Zur Anbindung an das Internet verfügt die Universität Kaiserslautern über eine *X.25*-Leitung zum *deutschen Wissenschaftsnetz (WIN)* mit einer Bandbreite von 2 Mbit/s. Mittels *ISDN*-Leitungen werden einige Außenstellen, wie z.b. die *Forstwirtschaftliche Versuchsanstalt (FVA)* in Trippstadt, die eng mit der Universität zusammenarbeitende Firma *Tecmath* in Siegelbach und die beiden vom Campus entfernt liegenden Gebäude 70 und 72 angebunden. Als öffentlichen Zugang zum Universitätsnetz von außen stehen darüber hinaus einige ISDN- und *SLIP*-Verbindungen über Modem zur Verfügung.

Diese ganzen Außenverbindungen sind zu einem Segment zusammengefaßt und über den Router Minnetonka an das restliche Netz angekoppelt.

2.1.5 Stockwerksnetz in Gebäude 34

Außer den Zentralrechnern im RHRK, die im FDDI-Ring zusammengefaßt sind, stehen in Gebäude 34 noch weitere Rechner und Terminals in den Büros der wissenschaftlichen Mitarbeiter und ca. 100 öffentlich zugängliche X-Terminals für Studenten. Zusammen mit den FTP- und Gopher-Servern der Universität stellen sie weitere 4 Subnetze am Router Minnetonka dar.

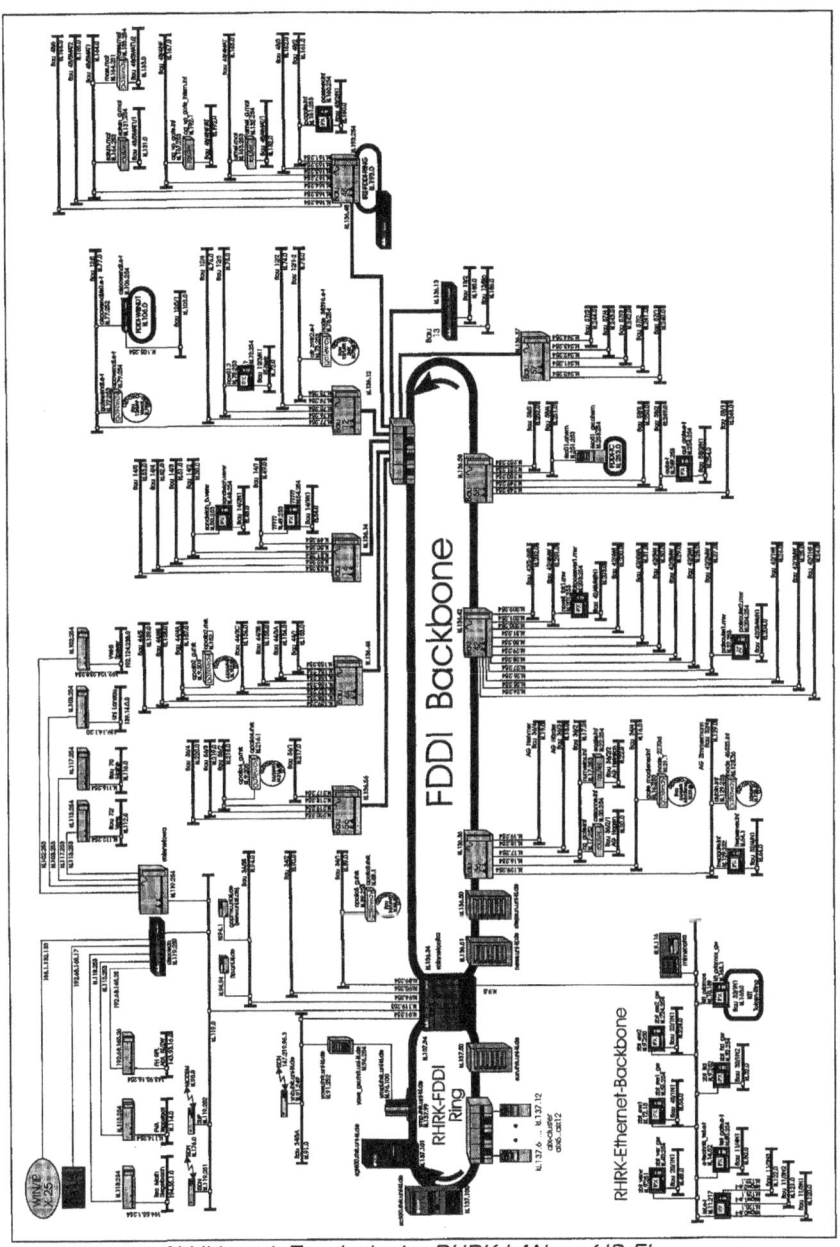

Abbildung 4: Topologie des RHRK-LANs auf IP-Ebene

2.2 Netzwerkmanagement in der Vergangenheit

Bisher wurde das Netzwerkmanagement im RHRK 'von Hand' betrieben, d.h., erst wenn sich Probleme offenbarten, konnten sich die verantwortlichen Personen auf die Suche machen. Dazu verwendeten sie eine Sammlung von Werkzeugen, die zum Großteil aus einfachen UNIX-Kommandos und ein paar speziellen Programmen besteht. Damit ist es fast nicht möglich, das Entstehen von Problemsituationen vorherzusehen oder ein bereichsübergreifendes Management von zentraler Stelle aus zu betreiben. Die wichtigsten Werkzeuge seien hier kurz beschrieben [AIX92] [Santifaller91]:

2.2.1 arp

Das Kommando arp dient dazu, die Address Translation Tables eines Rechners, die von dem *Address Resolution Protocol (ARP)* benutzt werden, anzuzeigen und zu verändern. In diesen Tabellen sind die aktuellen Zuordnungen von IP-Adressen zu MAC-Adressen enthalten, wie sie der Rechner anhand von Verbindungen zu anderen Hosts auf seinem Subnetz - und nur da! - selbst festgestellt hat. Damit kann das Verhalten des Address Resolution Protocols beeinflußt werden. Manche Einträge sind auch nur manuell handhabbar, wenn nämlich der entsprechende Kommunikationspartner das ARP-Protokoll nicht unterstützt.

2.2.2 ifconfig

Das Kommando ifconfig wird dazu benutzt, die Konfiguration für ein TCP/IP-Netzwerkinterface anzuzeigen oder Parameter zu verändern, bis hin zum An- und Abschalten des ganzen Interfaces. Insbesondere werden damit IP-Adresse, IP- und Subnetzmaske, Broadcastadresse und Einträge über Routingkosten, welche die Wegewahl beeinflussen, eingestellt. Diese Konfiguration erfolgt normalerweise direkt beim Booten des Rechners, kann aber zur Problemsuche auch nachträglich überprüft und geändert werden.

2.2.3 netstat

Das Kommando netstat ermöglicht die Überprüfung vieler netzwerkbezogener Daten eines Rechners:

- Kommunikationsendpunkte und aktive Sockets für jedes Protokoll.
- Informationen über Routingtabellen, wie z.B. verfügbare Datenwege und ihr Zustand; für jede(s) destination address / destination network das zuständige Gateway, an das die Pakete weitergeleitet werden.
- Anzahl der gesendeten und empfangenen Pakete und deren Fehlerrate.
- Anzahl der Kollisionen und andere Protokollstatistiken.
- Adressen der den Sockets zugeordneten Protokollkontrollblöcken.

Damit können in kleinem Rahmen Statistiken über Netzwerklast und -zuverlässigkeit erstellt werden.

Allerdings können nur Schnittstellen des Rechners beobachtet werden, auf dem das Kommando gestartet wird. Für eine netzwerkweite Kontrolle müßte die ausführende Person also auf sämtlichen Rechnern eine Zugangsberechtigung haben und sich dort einloggen.

2.2.4 ping

Das *packet internet groper (ping)*-Kommando wird dazu verwendet, festzustellen, ob zu einem bestimmen Rechner eine Verbindung aufgebaut werden kann, oder ob er abgeschaltet bzw. nicht erreichbar ist. Es liefert auch Statistikdaten über Geschwindigkeit und Dienstgüte einer Verbindung. Dazu sendet es die *ICMP*-Nachricht *echo request* an ein Gerät, das durch den Hostnamen oder die IP-Adresse spezifiziert wird. Daraufhin muß dieses mit einem *echo reply* antworten. Bleibt diese Antwort aus, so erhält der Benutzer die Nachricht, daß der angesprochene Host nicht erreicht werden kann. Da die ICMP-Nachrichten echo request und echo reply in IP verpflichtend implementiert sein müssen [RFC792], kann somit jedes im Internet angeschlossene und mit einer eigenen IP-Adresse versehene Gerät, angesprochen werden; allerdings nur von dem Rechner aus, auf dem ping gestartet wurde.

Optional kann das ping-Kommando im Sekundentakt ununterbrochen echo requests verschicken. Für jede Anfrage wird dann die round *trip time*, d.h. der Zeitraum zwischen Anfrage und Antwort, sowie die Verlustrate berechnet. Dadurch läßt sich erahnen, in welchem qualitativen Zustand sich die Verbindung befindet. Die Größe der gesendeten Fragmente kann verändert werden, um zu erkennen, wie die Verbindung damit zurechtkommt.

Natürlich kann man mit ping nur die Verbindung zwischen dem eigenen Host und einem entfernten Netzwerkgerät testen. Es sagt auch nichts über den Pfad aus, den die IP-Pakete beim Durchlaufen des Netzes zwischen dem eigenen und dem entfernten Rechner genommen haben.

2.2.5 traceroute

Ebenso wie ping benutzt traceroute ICMP, um Informationen über das Netzwerk zur Verfügung zu stellen. Es dient dazu, den Weg eines Pakets zu einem Zielrechner zurückzuverfolgen. Dazu beginnt es damit, eine Nachricht mit einem *time to live*-Feld mit Wert eins in Richtung des Zielrechners zu schicken. Die Nachricht wird vom nächsten Router auf dem Weg dekrementiert und bei Erreichen des Werts 0 mit der ICMP-Nachricht *time exceeded* beantwortet. Nachdem diese Antwort beim Initiator des traceroute angekommen ist, wird dort eine Nachricht mit einer um eins erhöhten time to live-Zeit verschickt, solange bis der Zielrechner oder aber ein Maximalwert erreicht ist. Es ergibt sich eine Tabelle von Routern mit den Zeitabständen, die zwischen Absenden der Nachricht und Empfang der ICMP-Fehlermeldung lagen. Auf diese Weise wird erkannt, an welcher Stelle ein Paket besonders lange verzögert wurde, einen ungünstigen Weg genommen hat und gegebenenfalls gelöscht wurde. Um zufällige Extremwert deutlich zu machen, werden im Normalfall drei Pakete pro time to live-Zeit verschickt.

Leider wird die Brauchbarkeit dieses Kommandos durch einige Bugs in bestimmten Implementierungen eingeschränkt. Manche IP-Protokolleinheiten schicken z.B. keine time exceeded-Nachricht, manche schicken Nachrichten mit einem zu kleinen time to live-Feld, die den Initiator des traceroutes nicht erreichen können. Alte UNIX-Derivate reduzieren den Wert um 5, während neue nur 1 abziehen [Santifaller91].

Außerdem erzeugt es unter allen hier vorgestellten Kommandos die mit Abstand größte Netzlast und sollte daher nur manuell zur Problemisolation, nicht aber in automatischen shellscripts zur ständigen Prüfung irgendwelcher Netzzustände verwendet werden.

2.2.6 NAT NMS

Im Gegensatz zu den bisher vorgestellten Werkzeugen, die eigentlich nur kleine UNIX-Kommandozeilenprogramme sind, ist NAT NMS ein PC-Programm, das unter MS Windows läuft. Es wird an der Universität Kaiserslautern zur Überwachung des Ethernet-Backbones oder einzelner Subnetze eingesetzt. Dort erfaßt es verschiedene Meßdaten bzgl. der Ethernet-frames, d.h. es überwacht nur die OSI-Ebene 2. Dazu wird in dem zu beobachtenden Netzsegment eine sogenannte Probe installiert. Das ist ein spezielles Gerät, das die eigentliche Beobachtung des Netzverkehrs durchführt und daraus Statistikdaten errechnet. Diese werden dann in einer MIB im Speicher des Geräts gesammelt, bis das Programm die Werte abfragt.

Die erfaßbaren Werte sind z.b. die Anzahl der übertragenen Frames, Kollisionen und short packages, sowie anderer ethernetspezifischen Beschädigungen des Frames, wie sie größtenteils in [Hirschm92], [Ethernet87] und [ECMA84] beschrieben sind. Eine tiefergehende Analyse der Frames bzgl. enthaltener Protokolle und transportierter Daten ist nicht möglich. Da die Probe an beliebiger Stelle im Ethernet installiert werden kann, ist von zentraler Stelle aus das gesamte Netz mit dem Programm zu überwachen[15]. Bei der erneuten Notwendigkeit ein anderes Kabelsegment zu beobachten, muß dann allerdings die Probe wieder von Hand an das neue Segment angeschlossen werden.

2.2.7 NSlookup

Mit dem Kommando NSlookup kann man auf zwei verschiedene Arten die Einträge in einem *Internet Domain Name Server* (*DNS*) abfragen. Die Hauptaufgabe eines solchen Servers ist die Verwaltung der Zuordnung von IP-Adresse zu IP-Namen, damit man Hosts auch über einen einprägsamen, kurzen Namen ansprechen kann. Die dabei gewonnenen Daten sind z.B. IP-Adresse des Hosts, Aliasname oder zuständiger Nameserver. Bei Aufruf des Kommandos ohne Parameter wird der interaktive Modus benutzt. Damit kann man Informationen bzgl. verschiedener Knoten und Domains abfragen oder eine Liste aller Hosts in einer Domain erstellen. Alternativ kann man auch einen speziellen Host mit Namen oder IP-Adresse, sowie eine Reihe von gewünschten Informationen angeben, die dann direkt angezeigt werden. Optional ist es noch möglich, den für diese Anfragen und auch den späteren Netzbetrieb zuständigen DNS zu ändern.

2.2.8 LANWatch

Das DOS-Programm LANWatch kann im Gegensatz zum NAT NMS auch den Inhalt und die Protokolle in den Ethernetframes entschlüsseln und darstellen. Dies geht sogar soweit, daß jedes einzelne Datagramm einer IP-Station samt Inhalt angeschaut werden kann. Dadurch erkennt man z.B., daß für jedes getippte Zeichen am Terminal ein ganzes Datenpaket über die Leitung zum Hostrechner geschickt wird. Diese Möglichkeit wird später noch von großer Bedeutung sein, wenn es darum geht, Netzteilnehmer zu ermitteln, die einen falsch konfigurierten und nicht registrierten Rechner verwenden.

Das Programm setzt keine Probe voraus, sondern der PC, auf dem es installiert ist, wird mit einer speziellen Netzkarte direkt an das Kabelsegment angeschlossen. Das hat allerdings den Nachteil, daß keine Kontrolle mehrerer Segmente von zentraler Stelle aus erfolgen kann, sondern im Fehlerfall statt einer Probe der ganze PC[16] samt Netzmanager vor Ort gehen muß.

---

[15] Mit der bereits angesprochenen Einschränkung auf OSI-Ebene 2.
[16] Üblicherweise ein Laptop oder Notebook.

2.3 Anforderungen an ein Netzwerkmanagementsystem

Das RHRK hat in Zusammenarbeit mit Rechenzentren anderer Hochschulen eine Liste ausgearbeitet, die die gemeinsamen, grundlegenden Anforderungen an ein Netzwerkmanagementsystem enthält [Pless94]. Diese, von der *Gesellschaft für Mathematik und Datenverarbeitung* veröffentlichte Zusammenstellung, kann als verbindliche Vorgabe zur Bewertung des für diese Arbeit verwendeten Netzwerkmanagementsystems angesehen werden. Die einzelnen Kriterien werden im nächsten Kapitel daraufhin untersucht, wie weit sie in NetView implementiert und wie bedienerfreundlich sie sind. Die Vorgaben des RHRK gehen also von folgenden Funktionalitäten aus:

2.3.1 Darstellung der Netzkonfiguration

Die beiden wichtigsten Hilfsmittel zur Ermittlung und Visualisierung der Netzkonfiguration sind das *Autodiscovery* und der *Netzeditor*. Das Autodiscovery durchsucht je nach Vorgabe das ganze erreichbare Netzwerk oder eine gewünschte Menge von Netzen und Strukturierungselementen, die dieses Netz miteinander verbinden. Dabei führt die Angabe einer Netzadresse zur Entdeckung:

- aller Router in diesem Netz
- aller Netze in ihrem direktem Umfeld
- aller Endgeräte im Netz
- der Standleitung zwischen zwei Routern

Die gefundenen Netzknoten und -leitungen werden in eine sogenannte *Map* eingetragen und nach bestimmten Kriterien hierarchisch gegliedert.
Wichtig beim Autodiscovery ist, daß:

- die topologische Struktur der Netze adäquat dargestellt wird
- eine hierarchische Gliederung der Netzkarten angeboten wird
- alle im Netz verfügbaren Informationen ausgeschöpft werden
- der Discovery-Prozeß regelmäßig wiederholt wird
- der Discovery-Prozeß eingeschränkt werden kann
- Möglichkeiten eines Autolayout vorhanden sind

Der Netzeditor unterstützt den Administrator bei der Pflege der Netmap. Er dient:

- dem manuellen Eintrag von Icons und Objekten
- der Strukturierung der Netmap nach organisatorischen Gesichtspunkten
- der optischen Aufbereitung der Netmap

Bei der Gestaltung der Netmap ist es wichtig, daß:

- beliebige Icons darstellbar sind und ihr Vorrat erweiterbar ist
- die Beschriftung aussagekräftig und nicht zu groß ist
- die Netzkarte an die Fenstergröße angepaßt wird

- Scrolling einstellbar ist
- die graphischen Grundoperationen vernünftig sind
- die optische Aufbereitung unterstützt wird

2.3.2 Datenbasis

Das Datenbanksystem sollte mindestens folgende Forderungen erfüllen:
- Überprüfung der Einträge auf Konsistenz zu anderen Einträgen
- Übertragung von Änderungen auf der Netzkarte in die Datenbank
- Offenlegung und Erweiterbarkeit der vordefinierten Objektstrukturen
- leistungsstarke Programme zur Pflege der Datenbank
- Erweiterung von Komponenteneinträgen
- Verschlüsselungsmöglichkeiten
- die Kontrolle des Speicherbedarfs
- die Implementierung von eigenen Applikationen
- Anschluß an eine SQL-Datenbank

2.3.3 Konfigurationsdokumentation

Benötigt werden automatische Hilfesysteme zur Dokumentation, wie z.B.:
- Applikationen zur Protokollierung der Netzkonfiguration
- Applikationen zur Dokumentation von Einstellungen
- Beschriftungsmöglichkeiten von Netzkarten
- Druckmöglichkeiten von Netzkarten
- Druckmöglichkeiten von Datenbankauszügen

2.3.4 Konfigurationsmanagement

Zur Konfigurationsüberwachung gehört:
- die regelmäßige Überprüfung des Zustands der Knoten
- die Entdeckung von neuen Knoten
- die Entdeckung von Konfigurationsänderungen in einem Knoten
- die Registrierung des Wegfalls von Knoten
- die kontinuierliche Anpassung der Netzkarte an die Realität
- Management der Gerätekonfigurationen

2.3.5 Fehlerbehandlung

Alle Alarmzustände sollen nach den Bedürfnissen des Administrators:

- protokolliert werden
- optisch und ggf. zusätzlich akustisch angezeigt werden
- Prozeduren anstoßen
- Trouble tickets versenden

Der Gesamtzustand eines Netzes sollte auf einen Blick erkennbar sein.

2.3.6 Leistungsüberwachung

Zur Leistungsüberwachung sollen Möglichkeiten bestehen, um

- regelmäßig und gezielt Werte von MIB-Variablen abzufragen und zur Auswertung zu sammeln
- *Data Requests* mit Schwellwerten zu versehen, deren Überschreitung einen Alarm auslöst.

Zur Überwachung von MIB-Variablen sind Grafikwerkzeuge eine wertvolle Hilfe. Es ist dabei wichtig, daß der Benutzer:

- die Art der Darstellung beeinflussen kann
- die Zusammenstellung der Kurven selbst definieren kann
- die Zusammenstellung über Prozeduren steuern kann

2.3.7 Sicherheitsaspekte

Erwartet werden Maßnahmen zur:

- Sicherung des Datenverkehrs (zwischen Managementstation und den SNMP-Agenten)
- Beschränkung von Zugriffsrechten auf die gesammelten Managementdaten
- Aufrechterhaltung der Sicherheit bei Multi-user-Betrieb der Systeme

2.3.8 Kostenabrechnung

Erwartet werden Möglichkeiten der automatischen Überwachung von Benutzer-, Geräte- und Leitungsaktivitäten zur Erfassung von Abrechnungsdaten für die Kostenzuordnung.

2.4 Definition der einzelnen Aufgabenstellungen

2.4.1 Falsche IP-Adressen

Verwendungszweck der IP-Adressen

Jedes Gerät, das an ein TCP/IP-Netzwerk angeschlossen wird, erhält vom zuständigen Netzwerkadministrator eine eindeutige, 12stellige Nummer, die sogenannte *IP-Adresse*, zugeteilt. Diese wird bei der Konfiguration der Hard- und Software in eine Datenbasis eingetragen. Beim Versenden eines Datenpakets wird sie als Kennung des Absenders im Header mit angegeben. Dort ist ebenfalls die IP-Adresse des Empfängers angegeben, damit jeder Teilnehmer am Netzverkehr erkennt, ob die Daten für ihn bestimmt sind. Somit ermöglicht die IP-Adresse die eindeutige Identifikation eines IP-Gerätes, solange sie korrekt verwendet wird!

Genau hier liegt eine Fehlerquelle, denn es macht bei der Konfiguration (fast) keinen Unterschied, ob eine richtige oder falsche IP-Adresse verwendet wird. Solange die Beschränkungen durch die *Subnetzmaske* beachtet werden, kann man sich mit jeder beliebigen IP-Adresse im Netz anmelden. Bezogen auf das Netzwerk der Universität Kaiserslautern bedeutet das, daß in jedem Subnetz theoretisch 256 IP-Adressen verwendet werden können.[17] Davon sind noch 3 spezielle Adressen abzuziehen, deren fälschliche Verwendung zu besonders gravierendem Fehlerverhalten führen kann:

- .0: das ist die Adresse für das Kabelsegment des jeweiligen Subnetzes
- .255: diese Adresse wird grundsätzlich für Broadcastmeldungen verwendet
- .254: diese Adresse ist im LAN für das jeweilige Routerinterface reserviert, an das das Subnetz angeschlossen ist

In den beiden ersten Fällen bekommt der Rechner beim Booten einfach keinen Zugriff auf die anderen Systemkomponenten und 'hängt'. Der Netzbetrieb selbst wird davon nicht beeinträchtigt. Sich wie im dritten Fall als Routerinterface auszugeben, ist eine sehr gefährliche Angelegenheit, die sofort zum Zusammenbruch des gesamten Subnetzes führt. Das liegt daran, daß jetzt alle Hosts ihre Datenpakete an den falsch konfigurierten Rechner statt an den Router schicken, falls er schneller auf eine Anfrage reagiert als dieser.

Solange man nicht die richtige Subnetzmaske (xxx) in Verbindung mit der weltweit gültigen Domain für das LAN (131.246) und einer beliebigen (auch falschen) Endung (yyy) verwendet (131.246.xxx.yyy), schadet eine Änderung der korrekten IP-Adresse nicht. In diesem Fall bekommt das Gerät nämlich analog zu den obigen Fällen keine Verbindung mit den restlichen Netzknoten. Das wird durch den nächsten Router erreicht, der mittels einer Subnetzmaske die Datenpakete mit nicht passender IP-Adresse herausfiltert. Somit fällt der Fehler auch dem Benutzer sofort auf und wird korrigiert. Daraus wird auch leicht ersichtlich, daß sich eine doppelte IP-Adresse **immer** im gleichen Subnetz wie ihr Doppelgänger befinden muß. Denn nur hier bekommt sie Kontakt zum Rest des Netzwerks.

Sobald aber die richtige Adresse für das Subnetz mit einer falschen Endung verwendet wird, entsteht eine gefährliche Situation. Im günstigsten Fall sind die Geräte, die die doppelte IP-Adresse verwenden, niemals gleichzeitig aktiv. Dann fällt der Fehler normalerweise auch

---

[17] Eine Ausnahme bildet hier der alte Ethernetbackbone, der statt einer 8bit- eine 5bit-Subnetmaske verwendet. D.h. es ist mit 255.255.248 statt 255.255.255 zu maskieren und man kann statt der üblichen 256 sogar $2^3*256=2048$ beliebige Adressen verwenden.

nicht auf, falls nicht ein dritter mit einem der Geräte Kontakt aufnehmen will und fälschlicherweise eine Verbindung zu dem anderen als dem gewünschten Partner bekommt. Nahezu unvorhersehbare Phänomene treten aber auf, wenn verschiedene Geräte gleichzeitig mit der gleichen IP-Adresse Datenpakete verschicken und empfangen. Das dabei mit Sicherheit vorkommende Mischen einzelner Pakete, die eigentlich zu zwei verschiedenen Nachrichtenströmen gehören, führt unweigerlich zur Störung der Kommunikation, bis hin zum Abbruch der Verbindung.

Insbesondere die DOS-basierten PCs stellen eine große Gefahrenquelle dar, denn dort ist die notwendige Information im Klartext als ASCII-Zeichen in einer Konfigurationsdatei gespeichert, die von jedem Nutzer des Geräts, der nur minimales Wissen von der Materie hat, geändert werden kann. Oder es werden bei dem sehr beliebten Kopieren bestimmter Programmpakete von einem Rechner zum anderen gleich die gesamten Einstellungen mit übernommen. Fortan verwenden dann zwei oder mehrere Geräte im Netz die gleiche IP-Adresse.

Im folgenden seien noch 3 Begriffe erläutert, die bei der Definition der möglichen IP-Fehler verwendet werden.

Domain Name Server

Im Domain Name Server (DNS) werden für die zu verwaltende *Domain* (Teilbereich des Internet) Zuordnungen von Hostnamen im Klartext zu IP-Adressen gespeichert. So wird zum Beispiel der hiesige FTP-Server als ftp.uni-kl.de mit der IP-Adresse 131.246.94.94 geführt. Besonders hervorzuheben ist, daß **jedes** offiziell im LAN angeschlossene Gerät außer der zwingend notwendigen IP-Adresse auch einen IP-Namen zugeteilt bekommen hat. Somit stellt die Zuordnung IP-Adresse <-> IP-Name eine eineindeutige Abbildung dar. Diese Tatsache wird später bei der Ermittlung illegaler Netzanschlüsse von erheblicher Bedeutung sein.

MAC-Adresse

Auf den Netzkarten, die verwendet werden, um ein Gerät an das Netzwerk anzuschließen, sitzt immer ein PROM mit einer unveränderlichen *Kartenadresse*. Diese wurde vom Hersteller der Karte aufgeprägt und ist weltweit eindeutig. Um dies sicherzustellen, wird jedem Hersteller von Netzhardware von der Firma XEROX eine eigenen Herstellernummer zugeteilt, die dieser dann um eine fortlaufende Seriennummer für seine Produkte erweitert.

Es wäre somit durchaus möglich, die Adressierung im Internet nur mittels dieser MAC-Adressen statt den IP-Adressen durchzuführen. Allerdings könnte man dann fast keine Gruppierungen bilden, wie sie z.B. alle Geräte auf einem Subnetz darstellen, denn die MAC-Adressen sind weltweit bunt gemischt, je nachdem, von welchem Hersteller und welcher Produktionscharge man die Karten bezieht. Beim Routing von Datenpaketen wäre es z.B. nicht im Voraus klar, daß ein Paket mit der Empfängerkennung .uni-kl.de (bzw. 131.246.) auf möglichst direktem Weg nach Deutschland an die Universität Kaiserslautern geschickt werden muß. Statt dessen wäre erst festzustellen, welcher der vielen Millionen Internetknoten die MAC-Adresse 0x0800690409D2 verwendet. Zudem ist im Gegensatz zu den IP-Adressen keine hierarchische Gliederung möglich und die MAC-Adressen sind nur solange gültig, wie kein Austausch einer Netzkarte erfolgt.

Der wichtigste Grund aber für die Notwendigkeit eines Adreßraums auf OSI-Ebene 3 ist der, daß die MAC-Adresse im Datenpaket nur im jeweiligen Subnetz erhalten bleiben. Sobald die Ebene 2 verlassen wird, um z.B. über einen Router auf ein anderes Subnetz zu gelangen, wird der gesamte Ethernetrahmen abgestreift und nur die Nutzdaten, eingepackt in einen neuen Frame mit der Ebene-2-Adresse des absendenden Routerinterfaces, weitergeleitet. Somit wird hinter der Routergrenze für die IP-Adresse notwendigerweise immer eine andere MAC-Adresse verwendet. Außerdem gibt es neben den Ethernetkarten noch verschiedene andere Technologien (FDDI, Token Ring, etc.), die alle ihre eigenen Adreßkodierungen auf MAC-Level verwenden.

Trotzdem ist auch die Zuordnung MAC-Adresse <-> IP-Adresse für das Ebene-2-Netz, in dem der Sender liegt, eineindeutig, so daß sich zusammen mit dem IP-Namen aus dem DNS ein 3fach-eindeutiger Tripel ergibt, in den sich aber, z.b. bei falsch konfigurierten IP-Adressen, Inkonsistenzen einschleichen können. Diese zu entdecken, war eine der Aufgabenstellungen dieser Arbeit.

NetInfas

Alle organisatorischen Informationen über die im LAN angeschlossenen Hosts werden zentral in der Datenbank NetInfas verwaltet. Die hier von Hand eingetragenen Daten werden auf Konsistenz mit bestehenden Einträgen geprüft und die relevanten Teile davon in regelmäßigem Turnus automatisch an den Domain Name Server übermittelt. Somit werden immer nur die Werte der NetInfas-Datenbank im regulären Netzbetrieb verwendet. Sie stellen deshalb eine sichere Grundlage für die Fehlersuche dar. Im einzelnen sind dort z.b. für jedes Gerät folgende Daten gespeichert:

- IP-Name
- IP-Adresse
- Gerätetyp
- MAC-Adresse
- Standort

Diese Daten waren die mit Abstand wichtigsten Informationen beim Aufspüren und -klären von Zuordnungsfehlern.

Mögliche Kombinationen von IP-Zuordnungsfehlern

Bei der Einteilung der möglichen IP-Fehlerklassen wird hier zwischen zwei Eigenschaften der betrachteten (falschen) IP-Adressen unterschieden:

legaler oder illegaler Anschluß

Das Gerät ist legal am Netz angeschlossen, d.h. es wurde beim RHRK ein Antrag auf einen Netzanschluß mit eigener IP-Adresse gestellt. Dabei werden dort die nötigen administrativen Informationen erfaßt und in die NetInfas-Datenbank eingetragen.

Das Gerät wurde ohne Kenntnis des RHRK angeschlossen und verwendet irgendeine beliebige IP-Adresse, meist die des PCs, von dem die Netzsoftware kopiert wurde, oder eine leicht modifizierte, falls die oben geschilderten Probleme der doppelten IP-Vergabe zutage traten. Dieses illegale Vorgehen ist durchaus häufiger anzutreffen, wenn z.B. schon vorhandene Stand-alone-PCs in einer Arbeitsgruppe nachträglich mit einer Netzkarte ausgerüstet werden, um mit den anderen Rechnern zusammenzuarbeiten. Da insbesondere in den neuen Gebäuden in jedem Raum schon Anschlußdosen für den Netzzugang gesetzt wurden, sind die nötigen Arbeitsschritte ohne Werkzeug und besonderes Spezialwissen - und damit ohne RHRK-Personal - durchführbar.

Kollision mit anderer Netzkarte möglich

Das andere Unterscheidungsmerkmal ist das Kriterium, ob die fälschlicherweise benutzte IP-Adresse überhaupt schon an einen anderen Netzknoten vergeben wurde. Ansonsten treten momentan natürlich keinerlei Probleme bzgl. Adresskollisionen auf. Dafür tickt aber irgendwo im Netz eine Zeitbombe, die genau dann aktiviert wird, wenn ein neues Gerät mit eben dieser IP-Adresse offiziell angeschlossen wird. Dabei kann es sich dann durchaus um einen wichtigeren Netzknoten als nur einen PC handeln; etwa einen neuen Router, der dann ständig gestört wird!

Ein Spezialfall dazu ist, wenn der zweite Netzknoten, der die gleiche IP-Adresse wie der falsch eingestellte Host verwendet, selbst illegal am Netz angeschlossen ist und seinerseits ohne offizielle IP-Adresse arbeitet.

Die in diesem Zusammenhang verwendeten Begriffe 'legal/illegal' besagen nur, ob für den Netzknoten eine offizielle IP-Adresse vom RHRK vergeben, d.h. der Rechner administrativ erfaßt wurde. Sie drücken nichts darüber aus, ob diese Adresse auch tatsächlich korrekt und nur von dem zugeteilten Host verwendet werden und auch nichts darüber, ob der Rechner tatsächlich die ihm zugeteilte Adresse oder eine andere verwendet.

Wenn man diese zwei Unterscheidungsmerkmale miteinander kombiniert, ergeben sich somit 6 verschiedene Fehlerklassen bzgl. falsch verwendeter IP-Adressen. In der Tabelle auf Seite 39 sind die Merkmale, die diese Fälle auszeichnen, der leichteren Verständlichkeit wegen in umgangssprachlicher Formulierung angegeben. Eine formale Definition der Kriterien findet sich zusammen mit einem Schema der Entscheidungsfindung auf Seite 63.

Fall 1: legale Netzkarte kollidiert mit anderer legaler Netzkarte

In diesem Fall werden in ständig wechselnder Reihenfolge Datenpakete mit unterschiedlicher MAC-Adresse bei gleicher IP-Adresse übers Netz geschickt. Für die zweite Netzkarte, die richtig konfiguriert ist, steht ein zugehöriger IP-Name im Domain Name Server. Da beide Karten legal an das Netz angeschlossen sind, sollten auch beide mit ihren richtigen Werten in der NetInfas-Datenbank erfaßt sein.

Fall 2: illegale Netzkarte kollidiert mit legaler Netzkarte

Der Unterschied zu Fall 1 besteht darin, das die Daten der inoffiziell angeschlossenen Karte natürlich nicht in der NetInfas-Datenbank stehen können.

Fall 3: legale Netzkarte kollidiert mit illegaler Netzkarte

Auch in diesem Fall werden in ständig wechselnder Reihenfolge Datenpakete mit unterschiedlicher MAC-Adresse bei gleicher IP-Adresse übers Netz geschickt. Da die betroffene (doppelte) IP-Adresse aber mit einer anderen Karte kollidiert, die illegal im Netz betrieben wird, ist dafür auch kein IP-Name definiert. Genauso wenig ist diese illegale Karte in der Net-Infas-Datenbank erfaßt, wohl aber die erste Karte. Der maßgebliche Unterschied zum anscheinend symmetrischen Fall 2 liegt also darin, daß die doppelt benutzte IP-Adresse nirgends registriert ist.

Fall 4: illegale Netzkarte kollidiert mit anderer illegaler Netzkarte

Der einzige Unterschied zu Fall 3 besteht darin, daß hier keine der beiden Netzkarten in der NetInfas-Datenbank stehen kann.

Fall 5: legale Netzkarte verwendet eine unbenutzte IP-Adresse

Das ist einer der beiden momentan ungefährlichen Fälle, da keine Adresskollisionen stattfinden können. Die richtigen Daten der Netzkarte stehen in der NetInfas-Datenbank, es ist aber kein IP-Name für die eigentlich unbenutzte IP-Adresse festgelegt.

Fall 6: illegale Netzkarte verwendet eine unbenutzte IP-Adresse

Auch hier besteht der Unterschied darin, daß die (illegal angeschlossene) Netzkarte nicht in der NetInfas-Datenbank erfaßt ist.

Karte 2 \ Karte 1	Karte 1 legal angeschlossen	Karte 1 illegal angeschlossen
betroffene IP-Adresse schon legal an Karte 2 vergeben	Fall 1: • Administrative Daten beider Karten in der NetInfas-DB eingetragen	Fall 2: • Administrative Daten der illegalen Karte nicht in der NetInfas-DB eingetragen • Administrative Daten von Karte 2 in der NetInfas-DB eingetragen
	• Datenpakete mit wechselnder MAC-Adresse bei gleicher IP-Adresse • IP-Name für die betroffene IP-Adresse im DNS eingetragen	• Datenpakete mit wechselnder MAC-Adresse bei gleicher IP-Adresse • IP-Name für die betroffene IP-Adresse im DNS eingetragen
betroffene IP-Adresse wird schon von Karte 2 illegal verwendet	Fall 3: • Administrative Daten von Karte 1 in der NetInfas-DB eingetragen • Administrative Daten von Karte 2 nicht in der NetInfas-DB eingetragen • Datenpakete mit wechselnder MAC-Adresse bei gleicher IP-Adresse • Kein IP-Name für die betroffene IP-Adresse im DNS eingetragen	Fall 4: • Administrative Daten beider Karten nicht in der NetInfas-DB eingetragen • Datenpakete mit wechselnder MAC-Adresse bei gleicher IP-Adresse • Kein IP-Name für die betroffene IP-Adresse nicht DNS eingetragen
betroffene IP-Adresse momentan unbenutzt	Fall 5: • Administrative Daten der betroffenen Karte in der NetInfas-DB eingetragen • Keine Datenpakete mit wechselnder MAC-Adresse bei gleicher IP-Adresse (Zuordnung IP-Adresse <-> MAC-Adresse in jedem Paket gleich) • Kein IP-Name für die betroffene IP-Adresse im DNS eingetragen	Fall 6: • Administrative Daten der betroffenen Karte nicht in der NetInfas-DB eingetragen • Keine Datenpakete mit wechselnder MAC-Adresse bei gleicher IP-Adresse (Zuordnung IP-Adresse <-> MAC-Adresse in jedem Paket gleich) • Kein IP-Name für die betroffene IP-Adresse im DNS eingetragen

Tabelle 1: mögliche Fehlerklassen bei falscher Verwendung der IP-Adresse

2.4.2 Integration von RMON

Eine weitere Aufgabenstellung dieser Arbeit war es, RMON-Daten unterschiedlicher Herkunft mittels NetView auszulesen und darzustellen. Dadurch kann auf eine Benutzung der den RMON-fähigen Geräten beiliegenden Spezialsoftware verzichtet werden. Diese kann zwar meist den gesamten Funktionsumfang der Hardware, auf die sie angepaßt wurde, voll ausnutzen, liegt aber nur für bestimmte Rechnerplattformen vor. Somit wird eine Integration in NetView insbesondere dann erschwert bzw. unmöglich, wenn kein Export der erfaßten Daten möglich ist, oder der Netzmanager ständig zwischen AIX-Terminal und MS-Windows-PC hin- und herpendeln muß[18].

RMON

Unter *Remote Monitoring (RMON)* versteht man das Sammeln und Aufbereiten von netzsegmentspezifischen (Statistik-)Daten der OSI-Ebene 2 direkt vor Ort. RMON ist als MIB in SNMP implementiert und ist derzeit für Ethernet [RFC1271] und Token Ring [RFC1513] definiert. Versionen für FDDI und andere sind z.Zt. nur herstellerspezifisch in der Private-MIB untergebracht und noch nicht als Standard verabschiedet.

Da es auf SNMP aufsetzt, d.h. dieses zwingend voraussetzt, werden auch die aufbereiteten Daten via SNMP an die Managementstation übermittelt. Dazu wird ein sog. RMON-*Agent* in das zu überwachende Subnetz integriert. Dieser Agent kann in Form von Hardware - sogenannten *Probes* - oder Software vorliegen. Im ersten Fall wird ein spezielles Gerät, das mit eigenem Prozessor, Speicher und Steuerungsfirmware ausgestattet ist, analog wie jedes andere IP-adressierbare Gerät auch, an das Netzkabel angeschlossen. Die Softwarelösung verwendet bereits vorhandene Hardware, d.h. es wird auf einem an das betreffende Subnetz angeschlossenen Rechner die RMON-Software als Hintergrundprozeß installiert. Durch die dabei je nach Netzverkehr auftretenden CPU- und Speicherbelastung wird natürlich die eigentliche Arbeit der Maschine mehr oder weniger stark behindert. Ein Zwischending zwischen Probe und Softwarelösung sind gerätespezifische Zusatzkarten, mit denen der Hersteller seine Hardware (meist Router, Bridges oder Hubs) RMON-fähig macht.

Stärken und Schwächen von RMON

Aus diesem möglichen 'Nachrüsten' ergibt sich der erste große Vorteil, den die Nutzung von RMON bietet. Wie sich später noch zeigen wird, stößt die Suche nach einer bestimmten IP-Adresse im Netzwerk spätestens dort an ihre Grenzen, wo es nicht nur um das betreffende Subnetz geht, sondern man genau wissen will, welcher Knoten dort die Adresse benutzt. Wenn RMON-fähige Hubs verwendet werden, um das Kabelsegment auf die einzelnen Hosts aufzuteilen, kann man den entsprechenden Port bestimmen, über den die gesuchten Datenpakete laufen. Da jedes Gerät an einem eigenen Port angeschlossen ist, hat man eine eineindeutige Zuordnung Portnummer <-> Host und kann somit den Sender mit der betreffenden IP-Adresse einwandfrei identifizieren.

Es ließe sich auch leicht feststellen, ob an einem eigentlich unbenutzten Port plötzlich Datenverkehr auftritt, der von einem illegal ans Netz angeschlossenen Gerät herrührt. Ein noch weitergehender Gedanke ist, daß die Hubs für jeden Port nur eine bestimmte IP-Adresse zulassen. Damit wären per Konfiguration alle bisher betrachteten Fehlerfälle von doppelter IP-Adresse bis hin zur illegalen Nutzung freiliegender Anschlußdosen hinfällig!

---

[18] NetView läuft genauso wie die Software zur Verwaltung der untersuchten Probes der Firma Wandel & Goltermann oder das Überwachungstool für die Router (CiscoWorks) unter AIX, während die ebenfalls verwendeten NAT-Ethermeter nur durch Windows-Software unterstützt werden.

Heute schon üblich ist die Überwachung einzelner Ports auf zu hohe Beteiligung an der Gesamtlast des Netzes, insbesondere durch fehlerhafte Datenpakete. In einem solchen Fall kann das betroffene Subnetz durch einen RMON-fähigen Hub gemeldet (Fehlererkennung) und nach Analyse durch die Netzwerkmanagementstation weitgehend automatisch abgeschaltet werden (Fehlerisolierung).

Wenn 'intelligente' Hubs aus technischen oder finanziellen Gründen[19] nicht in Frage kommen, kann immer noch in jedem Subnetz eine Probe zur Analyse des Datenverkehrs installiert werden. Dadurch lassen sich von zentraler Stelle aus bequem wichtige Netzparameter wie Pakete, Auslastung, Fehler oder Kommunikationsbeziehungen auf MAC-Ebene überwachen.

Mittels RMON lassen sich auch nicht SNMP-fähige Komponenten in das Netzwerkmanagement integrieren, indem alle betreffenden oder bestimmte IP-Pakete erfaßt und analysiert werden. Der Agent und nicht der Host selbst erkennt und meldet die besonderen Vorkommnisse.

RMON-Agenten optimieren durch ihre Intelligenz das notwendige Datenaufkommen für das Management, da die Erfassung, Aufbereitung und Speicherung der Daten vor Ort geschieht und nur bestimmte Ereignisse und Reports übertragen werden. In gleichem Maße wie sie aber das System entlasten, müssen sie selbst mit entsprechender CPU-Leistung und Speicher ausgestattet sein.

Einschränkend auf die Nützlichkeit von RMON wirkt die Tatsache, daß man damit nicht hinter Bridge- oder Routergrenzen schauen kann. Für jedes einzelne Segment eines Subnetzes muß daher ein eigener Agent bereitstehen.

Die Ethernet RMON-Gruppen

Die für diese Arbeit näher untersuchte RMON-MIB für Ethernet besteht aus 9 Gruppen (vgl. Abbildung auf Seite 42), die jeweils für die Überwachung verschiedener Netzwerkaktivitäten zuständig sind und deren Funktion hier kurz erläutert werden soll. Die Implementierung der Gruppen ist optional, d.h. in einem RMON-fähigen Gerät müssen nicht notwendigerweise alle Gruppen vollständig enthalten sein. Allerdings ist die Realisierung einiger Gruppen Voraussetzung für die Verfügbarkeit anderer Gruppen.

Die **Statistics Group** liefert statistische Low-level Auslastungs- und Fehlerstatistiken auf Ebene 2 für jedes Teilnetz, das vom Agenten überwacht wird. So werden Kollisionen, Shorts, Runts, fehlerhafte Datengrößen, Rahmengrößen und prozentuale Anteile der einzelnen Protokolle erfaßt. Diese Angaben geben Aufschluß über momentane Auslastung und Durchsatzverhalten im Netzwerk.

Die **History Group** erlaubt, diese Ebene-2 Information periodisch zu speichern und zur Langzeitbetrachtung heranzuziehen. Anhand dieser Vergangenheitswerte können Prognosen über zukünftige Netzwerkerfordernisse, wie z.B. Segmentierung, Systemerweiterung oder Netzwerkdesignänderungen abgegeben werden. Da der RMON-Agent diese Daten selbständig sammelt und generiert, wird im Gegensatz zu regelmäßigen Polling der Statistikgruppe durch die Netzwerkmanagementstation keine zusätzliche Netzlast erzeugt. Allerdings entsteht dafür aber hoher Speicherbedarf bei längeren Samplingintervallen.

Durch das Setzen von Schwellwerten in der **Alarm Group** kann der Netzmanager automatisch informiert werden, wenn gewisse Broadcastanteile, Paketgrößen, Auslastungen oder Kollisionsraten erreicht werden. Bei Überschreiten einer solchen Grenze wird ein definiertes Ereignis (Event) ausgeführt. Die Implementierung der Alarm Group ist daher Voraussetzung

---

[19] Die Mehrkosten gegenüber der konventionellen Methode liegen bei wenigen hundert Mark je Port.

für den Einsatz der Event Group, andererseits aber auch nur dann notwendig, wenn diese tatsächlich verwendet wird.

In der **Host Group** zeichnet der RMON-Agent alle am Segment erkannten MAC-Adressen auf. Zusätzlich führt er Zähler für empfangene/gesendete Rahmen, Bytes und Fehler für alle erkannten Hosts. Dadurch ist eine Identifizierung störender Knoten möglich. Diese Gruppe ist Voraussetzung für die Realisierung der Host TopN Group.

Die **Host TopN Group** ermöglicht es, eine Liste der MAC-Adressen zusammenzustellen, die in einer wählbaren Statistik der Host Group auf den ersten *N* Plätzen stehen. Das wären z.B. die 10 Netzknoten mit den meisten empfangenen Frames in der letzten Stunde. Auch diese Liste ist sehr hilfreich, wenn es darum geht, zu erkennen, woher der Großteil des (fehlerhaften) Netzverkehrs stammt.

Mit der **Matrix Group** können Kommunikationsbeziehungen im Netz auf MAC-Level dargestellt werden. Man erfährt also im Einzelfall für jedes Paar (Senderadresse, Empfängeradresse) wieviel Netzverkehr es erzeugt. Dadurch kann man z.B. entscheiden, welche Netzknoten besser auf dem gleichen Subnetz nebeneinander liegen sollten, damit nicht das gesamte Datenaufkommen über Router und Bridges geleitet werden muß.

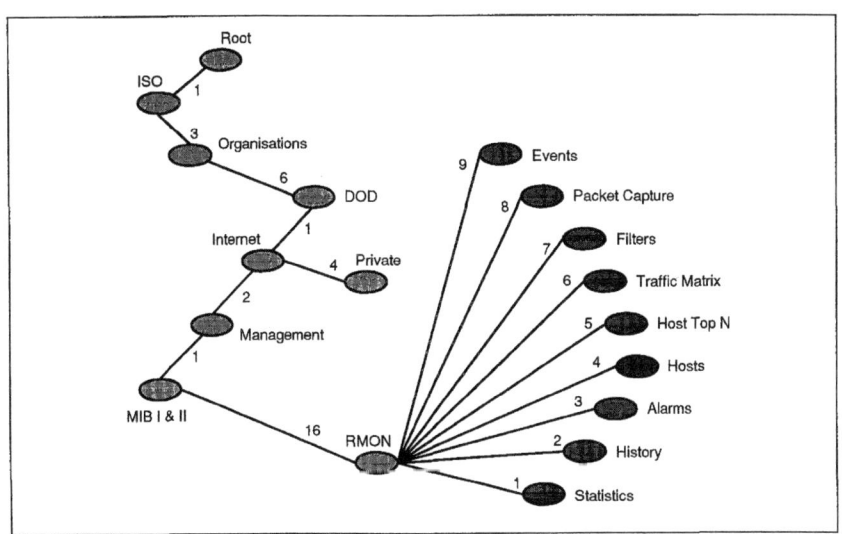

Abbildung 5: Die RMON-Gruppen

Die **Filter Group** erlaubt dem Monitorprogramm die Überwachung von Paketen, die zu einem bestimmten Filter passen. Als Filterkriterium können praktisch alle Eigenschaften eines Frames, von der Länge, über enthaltene Adressen, bis hin zu einzelnen Bits, benutzt werden. Es ist ebenfalls möglich, durch bestimmte Ereignisse oder Rahmen die Aufzeichnung zu starten oder zu stoppen. So ausgewählte Pakete können dann weiterverarbeitet oder in einem Puffer gesammelt werden (vgl. nächste Gruppe, für deren Einsatz die Filter Group notwendig ist).

Eng damit verwandt ist die **Packet Capture Group**. Hier werden bestimmte Pakete gesammelt und für weitere Untersuchungen hinterlegt. Pakete aller sieben Netzwerkebenen können aussortiert werden. Beispielsweise zeichnet ein Capturespeicher alle IPX-Rahmen auf, während sich ein anderer nur um Rahmen zwischen zwei bestimmten IP-Adressen kümmert. Diese beiden letzten Gruppen stellen hohe Anforderungen an die Performance bzw. die Speichergröße des Agenten.

In der **Event Group** wird die Erzeugung von Ereignissen kontrolliert. Diese können z.B. in Verbindung mit Alarm- oder Filtergruppen verwendet werden oder direkt von Netzwerkmanagementapplikation abgefragt und in geeigneter Weise dargestellt werden. Jedes Event wird durch eine Bedingung ausgelöst, die an anderer Stelle innerhalb der MIB definiert ist, z.B. das Überschreiten eines Grenzwerts in der Alarm Group.

3 NetView

Dieses Kapitel besteht aus zwei grundlegenden Teilen.

Als erstes wird das Programm NetView for AIX daraufhin untersucht und bewertet, wie gut es die Anforderungen des RHRK an ein Netzwerkmanagementsystem (vgl. Seite 32) erfüllt. Gleichzeitig wird auch beschrieben, welche Besonderheiten bei der Bedienung der jeweiligen Programmfunktion zu beachten sind. Es wird dabei vorausgesetzt, daß die leicht ersichtlichen Informationen des Handbuchs bekannt sind. Daher werden nur die in der Dokumentation [NetView94] besonders 'versteckten' oder gar nicht enthaltenen Hinweise angegeben.

Im zweiten Teil wird dargestellt, wie die besonderen Aufgabenstellungen dieser Arbeit (vgl. Seite 35) mittels NetView gelöst werden können und wie die Informationen, die das Programm bereitstellt, zu interpretieren sind.

Es wird dabei vom Leistungsumfang des Grundpakets (vgl. Anhang auf Seite 90) ausgegangen, das dem RHRK für diese Arbeit zur Verfügung stand. Weitergehende Möglichkeiten diverser Zusatzmodule bleiben also unberücksichtigt, auch wenn sie - insbesondere der RMONitor - durchaus vorteilhaft wären.

3.1 Bewertung der geforderten Funktionalitäten

3.1.1 Autodiscovery

NetView nutzt zur Entdeckung und Darstellung von Netzkomponenten die Informationen, die ihm durch die IP-Protokoll-Suite - dabei insbesondere SNMP - zur Verfügung gestellt werden. Das bedeutet allerdings, daß nicht IP-fähige Knoten nicht erkannt werden. Das fällt z.B. bei den vorhandenen Novell-PCs auf, deren IPX-Protokoll nur mittels Zusatzsoftware eingebunden werden kann und die somit unentdeckt bleiben.

Weiterhin ist es für die vorhanden Router und Gateways im Netz unerläßlich, daß sie SNMP unterstützen und NetView die zugehörige *Community*[20] kennt. Anfängliche Versuche, das Netz zu scannen, scheiterten deshalb an der Tatsache, daß der erste Router, an dem das Subnetz mit der Managementstation hängt, keine SNMP-Software geladen hatte. Dadurch wurde der Router auch beim gezielten Ansprechen oder manuellen Eintragen in die Netmap nicht richtig erkannt, so daß er seine Eigenschaften - außer IP-Adresse und -Name - nicht preisgab. Da er also nicht als Router bekannt war, wurden auch keine Informationen über weitere angeschlossenen Subnetze eingeholt.

Man hätte also jedes Subnetz von Hand eintragen und dann den Discoveryprozeß dafür starten müssen. Dabei wären dann zwar alle IP-fähigen Hosts erkannt worden, aber die weiteren nicht SNMP-fähigen Router hätten wiederum eine weitere automatische Suche hinter diesen Subnetzen verhindert.

---

[20] Eine Art Paßwort für das Auslesen der SNMP-Daten.

Seedfile

Das Autodiscovery von NetView kann mit oder ohne Einsatz von sogenannten *Seedfiles* erfolgen. Einerseits werden darin eine Reihe von Hosts über ihre IP-Adresse oder den Namen angegeben, die sofort gesucht und in die Map eingetragen werden sollen. Zusätzlich wird dann noch der Weg, auf dem dieser Host von der Netzwerkmanagementstation aus gefunden wurde - also alle Router, Gateways und Subnetze - mit eingetragen, wobei die Subnetze auch auf alle anderen enthaltenen Knoten abgesucht werden. Des weiteren kann noch ein Bereich von IP-Adressen festgelegt werden, außerhalb dessen keine Hosts akzeptiert werden. Somit läßt sich z.B. durch 131.246.*.* sicherstellen, daß nur Adressen innerhalb der Uni Kaiserslautern, oder mit 131.246.8.0-131.246.14.254 nur Adressen auf dem Ethernetbackbone gescannt werden. Das Seedfile ist aber nur geeignet um eine Menge von zu erkennender Hosts einzuschließen. Es ist nicht möglich Ausschlußkriterien anzugeben, die verhindern, daß z.b. Netzknoten aus dem autonomen Bereich des *IRZ (Informatikrechenzentrum)* erkannt werden.

Ohne Angabe eines Seedfiles durchsucht NetView aus Sicherheits- und Performancegründen nur das gesamte Subnetz, auf dem sich die Netzwerkmanagementstation befindet. Dabei werden auch die daran angeschlossenen Router und Gateways erkannt[21]. Alle weiteren, an diese Strukturierungselemente angeschlossenen Subnetze werden zwar erkannt und in die Netmap eingetragen, aber nicht nach weiteren Hosts durchsucht. Sie sind also als *unmanaged* definiert und farblich entsprechend gekennzeichnet (braun). Erst durch Aktivieren des Menüpunktes `Options..Manage Objects` werden die zuvor markierten Subnetze durchsucht und wie alle anderen managed Objects behandelt, d.h. ständig auf dem aktuellen Stand gehalten.

Anderenfalls würde NetView solange das gesamte, weltweite Internet absuchen, bis es nur noch auf Router und Gateways stößt, die nicht SNMP-fähig sind oder deren Community es nicht kennt. Eine praktische Demonstration, wieviel Netzverkehr in einem solchen Fall erzeugt wird, ergab sich, als die SNMP-Software des für den Internetzugang zuständigen Routers aktiviert wurde. Daraufhin erkannte NetView einige Dutzend dahinter liegende Gateways aus ganz Deutschland mit ca. 200 zugehörigen Subnetzen, da deren Administratoren keine (!) eigene Community definiert hatten. Das war allerdings nur die Menge der direkt erreichbaren Hosts. Durch managen der erkannten Subnetze wären sicherlich noch weitere Router und Subnetze gefunden worden. In der Zeit, bis der externe Zugang wieder unmanaged gesetzt wurde, verließen und erreichten pro Sekunde ca. 5 SNMP-Pakete das LAN.

Für alle gefundenen IP-Adressen schaut NetView im DNS nach, ob dort ein Eintrag vorhanden ist. Wenn ja, ist der Host fortan unter seinem IP-Namen in der Map und der Datenbank eingetragen. Anderenfalls wird als Hostname die IP-Adresse verwendet. Diese Vorgehensweise wird später bei der Suche nach illegal an das Netz angeschlossenen Rechnern von großer Hilfe sein.

Scannen des LANs

Nach dem ersten Programmstart mit SNMP-Unterstützung hat NetView von Subnetz 131.246.91.0 aus zwar den angeschlossenen Router Minnetonka und alle daran hängenden Subnetze erkannt, aber das Routersymbol mit einem falschen Namen versehen. Die Minnetonka hat die IP-Adresse 131.246.9.5, womit außerdem auch die Adresse ihres Anschlusses an den Ethernetbackbone bezeichnet wird. Da der Router aber vom Subnetz 131.246.91.0 aus entdeckt wurde, weil dort auf der Maschine Netaix die Managementstation eingerichtet ist, wurde als erstes das dortige Routerinterface und damit der IP-Name Minnetonka/e4 entdeckt.

---

[21] Falls sie, wie oben beschrieben, SNMP-Informationen an NetView weiterleiten!

Dieser wurde dann fälschlicherweise für alle Symbole der Minnetonka an den verschiedenen Positionen in der Netmap verwendet, an denen dieser Router auftaucht.

Dieses Problem wäre nicht aufgetreten, wenn die Netzwerkmanagementstation vom Ethernetbackbone aus als erstes das Routerinterface 131.246.9.5 - und damit die IP-Adresse der Minnetonka - entdeckt hätte. Mittels eines kurzen Seedfiles, das alle Routernamen des LANs enthält (siehe Anhang auf Seite 90), wurde NetView nach einer Neugenerierung der Map dazu gebracht, erst alle Router mit richtigem Namen einzutragen und danach alle an diesen hängenden Subnetze zu suchen. Die Router des FDDI-Backbone, die zu dem Zeitpunkt noch keine SNMP-Software geladen hatten, wurden lediglich als *generic computer* erkannt, da sie keine Informationen über ihren Typ abgeben konnten. Als später die SNMP-Software auf den restlichen Routern installiert wurde, hat NetView diese Änderungen beim nächsten periodischen Pollen erkannt, den generic computer in Router geändert und alle anhängenden Subnetze erkannt und als unmanaged eingetragen.

Prinzipiell ist aber der verwendete Icontyp kein sicheres Indiz dafür, ob der zugehörige Host tatsächlich SNMP unterstützt oder nicht. Im positiven Fall kann es sein, daß die über SNMP gemeldeten Objekteigenschaften in NetView nicht standardmäßig definiert sind. D.h. das Programm kann mit den Informationen nichts anfangen und ordnet dem Rechner das Symbol generic computer als Zeichen für einen unbekannten Typ zu. In diesem Fall kann man in einer speziellen Konfigurationsdatei die fehlenden Spezifikationen nachtragen, damit NetView ein aussagekräftigeres Icon verwenden kann. Aber selbst wenn ein Knoten mit einem bestimmten Symbol vertreten ist, kann es immer noch geschehen, daß die SNMP-Software in der Zwischenzeit wieder abgeschaltet wurde und der Host de facto keine internen Zustandsdaten mehr liefern kann. Trotzdem bleibt das bisher zugeordnete Icon so lange erhalten, bis wieder entsprechende Daten erhalten werden. Erst dann wird gegebenenfalls ein Wechsel des Symbols durchgeführt. Damit ist gewährleistet, daß einmal erkannte Informationen in der Netmap auch bei (vorübergehend) fehlender SNMP-Information erhalten bleiben.

Es wurde aber nur teilweise erkannt, daß der Ethernetbackbone wegen seiner 5-bit-Subnetzmaske eigentlich aus 8 logischen Subnetzen besteht, die ohne verbindende Router zusammenhängen. NetView hat zwar die Gemeinsamkeit der kürzeren Maske richtig erfaßt, aber alle Hosts der 8 Subnetze in eine einzige Map eingetragen. Als Bezeichnung dafür hat es 131.246.8 gewählt. Das ist zwar zum einen die kleinste der 8 möglichen Subnetzadressen 131.246.8 bis 131.246.15 . Der eigentliche Grund, warum aber gerade '8' und nicht irgendeine andere Adresse - insbesondere '9'[22] - gewählt wurde, ist, daß durch die 3 ausgeblendeten Bits $b_2 b_1 b_0$ in der Binärdarstellung die 8 Zahlen alle gleich aussehen:

8 = 00001000 -> 00001xxx
9 = 00001001 -> 00001xxx
...
15 = 00001111 -> 00001xxx

Die in dieser gemeinsamen Map liegenden Netzknoten sind aber mit ihrer richtigen, dem jeweiligen Subnetz zugehörigen IP-Adresse eingetragen.

Funktionsweise des Autodiscovery

Der NetView-Daemon *netmon* ist zuständig für das Erkennen von IP-Adressen. Er durchsucht den entsprechenden Teil der SNMP-MIBs, in dem die Adressen bisheriger Kommunikationspartner gespeichert sind, auf noch nicht erfaßte Hosts. Dieser Vorgang wird, ausgehend von der Netzwerkmanagementstation, für alle bekannten Knoten periodisch wiederholt

---

und ist somit stark selbstverstärkend. Der Erkennungsalgorithmus ist also nicht darauf ange-wiesen, daß ein bestimmter Host gerade Datenpakete verschickt, um auf sich aufmerksam zu machen. Es reicht aus, irgendwo in der Adreßtabelle eines anderen Rechners (der SNMP un-terstützt!) bekannt zu sein.

Das Scannen des gesamten LANs dauert somit unter Berücksichtigung der momentanen Netzlast und Leistungsfähigkeit der Managementstation (die im vorliegenden Fall leider nicht besonders groß ist; vgl. Anhang auf Seite 90) nur wenige Minuten. Da (fast) alle Rou-ter, durch die der gesamte Netzverkehr geleitet werden muß, SNMP unterstützen, sind die allermeisten Netzknoten sofort bekannt.

Man erhält dann eine Netmap, auf der nur z.Zt. angeschaltete Rechner erscheinen. Dies kommt daher, daß alle aus den Adreßtabellen bekannten IP-Adressen, die in einem bereits erfaßten Subnetz liegen, sofort über das ICMP-Kommando ping angesprochen werden, um den Status zu bestimmen. Nicht aktive Hosts werden vorerst nicht in die Map und die Daten-banken eingetragen, da zum einen nicht sicher ist, daß sie noch existieren oder nur in einem veralteten[23] ARP-Cache als Karteileiche enthalten sind. Zum anderen wird bei jedem neu er-faßten und regelmäßig überprüften Rechner versucht, über SNMP zusätzliche Typinformatio-nen und nicht zuletzt auch noch weitere Adreßtabellen zu erhalten. Dieses Vorgehen würde bei abgeschalteten Geräten natürlich erfolglos bleiben. Somit werden neue Hosts erst erfaßt, wenn alle möglichen Informationen erreichbar sind. Hosts die außerhalb der bekannten Be-reiche liegen, werden natürlich nicht angesprochen, da in einem stark genutzten Netzwerk, wie dem der Universität Kaiserslautern, Rechner auf der ganzen Welt benutzt werden.

Darstellung der erfaßten Informationen

Die gefundenen Netzkomponenten werden je nach Typ auf verschiedenen Ebenen in der Net-map eingetragen. Auf der obersten Ebene (*Internet Map*) werden alle Subnetze, die sie ver-bindenden Router und die Leitungen, die die Netze mit den Routern 'verbinden', dargestellt (vgl. die Abbildung auf Seite 49). Die letztgenannten Komponenten sind etwas verwirrend, da in der Realität die Subnetze selbst die Kabelstränge sind, die zwei Router miteinander ver-binden. In der Netmap werden die Subnetze jedoch als Icons dargestellt, die mit den Icons der zugehörigen Router verbunden sind. Die Verbindungslinie stellt somit die jeweilige Inter-facekarte des Routers dar. Dies erkennt man auch daran, daß in dem Menüpunkt Objek-teigenschaften der Linie genau die Daten des Routerinterfaces beschrieben sind.

Der Sinn dieser Darstellungsweise wird klar, wenn man ein solches Subnetzicon mittels Doppelklick öffnet. Dadurch gelangt man auf die nächstniedrigere Ebene, die sogenannte *Network Map*. Dort findet sich jeweils ein Icon für die zugehörigen Netzsegmente und alle Router und Bridges, die daran angeschlossen sind. Auch hier sind die Strukturierungselemen-te wieder durch eine Verbindungslinie mit den Netzsegmenten verbunden. Da sämtlich Bridges im LAN nicht SNMP-fähig sind und deshalb nicht als solche erkannt werden, findet sich hier allerdings nur ein einziges Segment, welches das gesamte Subnetz repräsentiert. Die segmentierenden Bridges, die im untersuchten LAN - bis auf ein Ausnahme[24] - über keine eigene IP-Adresse verfügen, werden von NetView deshalb auf keiner Ebene erfaßt.

Durch Öffnen des Segmenticons gelangt man in die *Segment Submap*. Je nach Topologie des jeweiligen Kabelsegments findet sich hier ein Kreis (Token-Ring, FDDI) oder eine lange Linie (Ethernet) an den/die die eigentlichen Hosts in Form unterschiedlicher Icons mit einer kleinen Verbindungslinie angeschlossen sind.

---

[23] Im betrachteten LAN ist so etwas allerdings weitgehend ausgeschlossen, da die Router nach 15 Minuten und die PCs nach 5 Minu-ten ihre ARP-Tabellen wieder löschen.

[24] An einer Stelle im LAN wird eine Bridge zur Umsetzung von FDDI auf Ethernet eingesetzt, die SNMP-fähig ist.

Durch weiteres Öffnen eines Hosticons gelangt man schließlich auf die unterste Ebene, die *Node Submap*. Hier ist für jeden Netzanschluß des Hosts jeweils ein Icon als Repräsentant der jeweiligen Interfacekarte eingezeichnet.

Etwas gewöhnungsbedürftig, insbesondere wenn man mit der Darstellung des LANs auf dem IP-Plan (vgl. Abbildung auf Seite 28) vertraut ist, ist die Anordnung der einzelnen Komponenten auf dem Bildschirm. Zwar mag die Strukturierung und Verteilung der Icons und Symbole in verschiedene Maps, die explizit geöffnet werden müssen, noch logisch durchdacht und aus Platzgründen[25] absolut notwendig sein. Als auffälligste Abweichung von der bekannten Darstellung sei hier aber das Beispiel des FDDI-Backbones genannt. Auf dem IP-Plan ist er als große Schleife gezeichnet, in den die einzelnen Router integriert sind. Das harmoniert sehr gut mit der logischen Verkabelung, die als Ring ausgeführt ist und in die die Router eingebunden sind. Die Autolayoutfunktion von NetView zeichnet dagegen ein Symbol für das IP-Netzwerk, das den FDDI-Backbone repräsentiert und daran sternförmig über eine Verbindungslinie angekoppelt die Router. Somit entsteht der Eindruck eines Arcnets oder einer Client-Server-Umgebung. Erst nach Öffnen des Icons für den Backbone und des darin enthaltenen Segmentsymbols erkennt man die Ringstruktur, an die die Router mittels Interfaceleitungen angeschlossen sind.

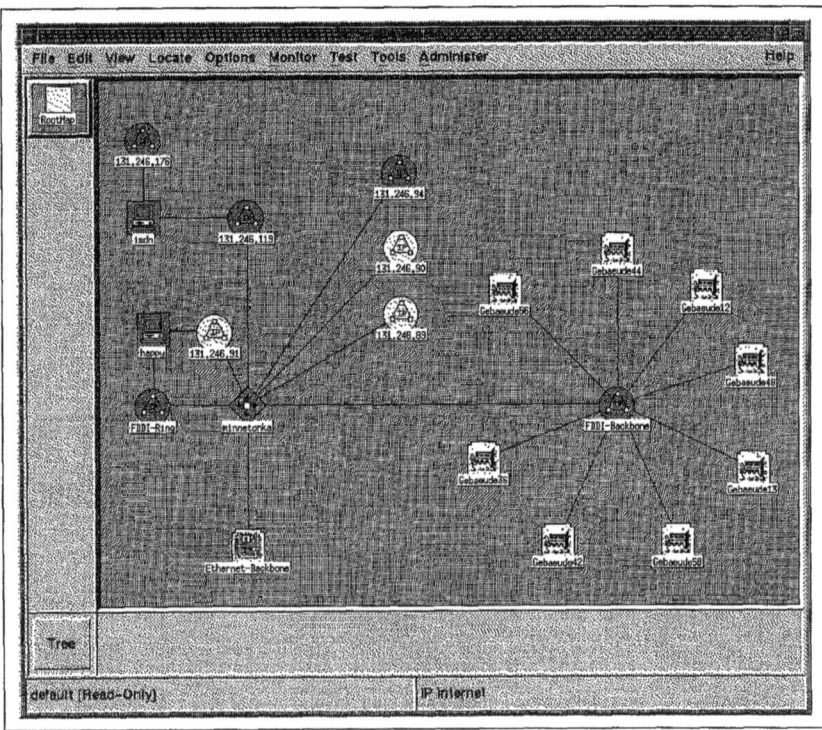

Abbildung 6: Darstellung der Netztopologie auf der Internet Map

---

[25] Die ca. 100 Subnetze und 15 Router, die per Default in die Internet Map eingezeichnet werden, machten die Darstellung so unübersichtlich und klein, daß einzelne Komponenten von Hand zusammengefaßt und in neue Submaps eingetragen werden mußten.

Bewertung des Autodiscovery

Abgesehen von der anfangs ungewohnten, aber trotzdem wohldurchdachten Darstellungsweise der Netztopologie mittels Autolayout, kann man den Leistungsumfang des Autodiscovery als vorbildlich bezeichnen. Alle auf Seite 32 geforderten Funktionalitäten werden erfüllt. Dabei nutzt NetView sämtliche Informationsquellen im Netz, angefangen von bekannten IP-Adressen über DNS-Einträge bis hin zu SNMP-MIBs. Insbesondere letztere sind dabei von besonderer Bedeutung, da nur durch sie genaue Objekteigenschaften erfragt und z.B. Router auch als solche erkannt werden können. Als einziger Schönheitsfehler ist zu vermerken, daß der Name des zuerst erkannten Interfaces als Bezeichnung für den ganzen Router auf allen Mapebenen verwendet wird. Ohne Seedfile kann es nämlich - wie hier geschehen - vorkommen, daß der erste Router im Netz von der Netzwerkmanagementstation quasi durch die Hintertür betreten wird, weil der Scannprozeß von einem Nebenast aus initiiert wurde.

3.1.2 Der Netzeditor

Die bisherigen Überlegungen basierten auf der Grundlage, daß die standardmäßig eingeschaltete Autolayoutfunktion verwendet wird und die Netzkomponenten außerdem automatisch erkannt werden. Wenn aber aus Sicherheits- oder Performancegründen ein Router ohne SNMP betrieben wird, muß er samt allen angeschlossenen Subnetzen von Hand in die Map eingetragen werden.

Objekte einfügen

Will man Objekte einfügen, müssen alle sonst automatisch erkannten Daten wie IP-Adresse, Hosttyp, verwendete Routingsoftware bzw. -protokolle, Interfaceadressen, Subnetzmaske, Netzart, etc. angegeben werden.

Das ist eine recht mühselige Arbeit, die im Falle einer falschen Angabe oft damit endet, daß zwar das gewünschte Icon erzeugt, aber nur scheinbar in die Map integriert wird. Tatsächlich aber erkennen es die NetView-Daemons, die ständig den Zustand der Objekte abfragen und aktualisieren, nicht an. Damit handelt man sich eine Karteileiche ein, deren bloßes Vorhandensein mit IP-Name bzw. -Adresse verhindert, daß später ein neues Objekt für den Knoten mit den richtigen Daten automatisch erzeugt wird.

In manchen Fällen erkennt man den Fehler sofort, wenn nämlich das Objekticon nicht 'flach' in die Map integriert wird, sondern scheinbar darüber 'schwebt'. Dieser Effekt wird mittels eines gezeichneten Schattens erreicht und bedeutet, daß das Symbol keine Verbindung zur Map bzw. den damit beschäftigten Daemons hat. Man spricht auch von *IP plane* für die Ebene, in der die Objekte überwacht werden bzw. *user plane* für die Ebene der nicht erkannten Objekte.

Erfahrungsgemäß ist es ratsam, nur sogenannte *Location Objects* von Hand in die Map einzufügen. Dabei handelt es sich um eine Art Container in der Internet Map, in die andere Objekte aus dieser Ebene mittels Cut and Paste verschoben werden können. Das ist sehr nützlich, um die Internet Map übersichtlicher gestalten zu können. So ranken sich z.B. um den Ethernetbackbone 10 Subnetze mit 9 Routern und den zugehörigen Verbindungen. Diese wurden alle zusammen in einer eigenen Location untergebracht. Genauso wurde mit jeweils einem Gebäuderouter und den daran hängenden Stockwerksnetzen verfahren. Die Verbindung von den Locations zum Rest der Mapicons - in diesem Fall zur Minnetonka bzw. zum FDDI-Backbone - wird dann automatisch wieder erkannt und eingezeichnet.

Eine weitere Anwendungsmöglichkeit für Location Objects besteht darin, auf einer Map alle für den reibungslosen Netzbetrieb wichtigen Komponenten zusammen darzustellen. Dazu werden einfach in eine Location Symbole für alle Router, Mail-, News- und Nameserver, Modem-, ISDN- und Internetzugänge, Supercomputer und das AIX-Cluster kopiert. Diese liegen dort zwar ohne Verbindungen zueinander eingezeichnet, werden aber vom netmon-Daemon regelmäßig auf ihren aktuellen Zustand gepollt. Damit kann man leicht alle relevanten Hosts im Blick behalten, ohne nach einer gemeldeten Störung - die sonst vielleicht auch gar nicht sofort auffällt - lange in den verschiedenen Map-Hierarchien nach dem betroffenen Icon suchen zu müssen. Ebenfalls praktisch ist es z.b. alle Icons von Ethernetprobes etc. nebeneinander zusammen zu haben, denn viele Kommandos von NetView - insbesondere auch das Anwenden von RMON-Abfragen auf solche Netzanalysatoren - werden im Kontext von den augenblicklich markierten Hostsymbolen in der Netmap ausgeführt.

Objekte löschen

Wenn auch seltener explizit gebraucht, so muß man bei der Löschfunktion aus ähnlichen Gründen wie beim manuellen Einfügen mit Vorsicht zu Werke gehen. Zunächst ist zu unterscheiden, ob man wirklich das Objekt mit sämtlichen Referenzen aus der Netmap und der Datenbank löschen will, oder nur ein Symbol (Icon) für das Objekt. Fast jedes Objekt hat nämlich in verschiedenen Submaps quer durch alle Hierarchieebenen mehrere Symbole. Ein Router z.B. ist in der Internet Map, der Network Map und der Segment Map mit jedem seiner verschiedenen Interfaces vertreten. Somit kommt die Minnetonka auf einige Dutzend Referenzen, die jeweils unabhängig voneinander gelöscht werden können. Ein solches Symbol wird aber später nicht mehr automatisch gesucht, solange noch irgendwo sonst in der Map eine andere Referenz auf das Objekt enthalten ist. Man muß es also manuell einfügen - mit den damit verbundenen Schwierigkeiten - oder eines der anderen Symbole suchen und mittels delete object from all submaps alle vorhandenen Symbole und damit auch das Objekt selbst löschen. Danach ist das Objekt unter NetView nicht mehr bekannt und wird nach erneutem Entdecken sofort automatisch an allen zugehörigen Positionen eingetragen.

Implizit wird das Löschen auch für das bereits oben beschriebene Cut and Paste zum Verschieben von Symbolen verwendet. Dabei muß darauf geachtet werden, daß nur delete objects from this submap gewählt wird. Ansonsten hat man nach dem Einfügen in der Location sämtliche Referenzen aus allen Maps, von denen die meisten hier nicht hergehören und auch nicht richtig erkannt werden. Das bedeutet, sie befinden sich ohne Verbindung zu den NetView-Daemons in der user plane.

Gestaltung der Netmap

Bei den obigen Betrachtungen wurde bisher immer von der Verwendung der Autolayoutfunktion ausgegangen. NetView bietet zusätzlich auch die Möglichkeit der manuellen Gestaltung des Maplayouts.

Als erstes lassen sich alle Icons an einer beliebigen Stelle der jeweiligen Map positionieren. Die dabei gummibandartig mitgezogenen Verbindungslinien können aber trotzdem nicht über mehrere Ecken geknickt verlegt werden, um dadurch von der starren automatischen Stern-, Ring- oder Busstruktur abzuweichen. Statt dessen hat man unter Umständen größere Schwierigkeiten, z.B. die vielen Linien eines Routers zu entwirren. Auch in Verbindung mit einem geladenen Hintergrundbild eines Gebäudeplans, kann man so die Realität in Bezug auf Kabelverlegung und Host- oder Locationstandorte nur bedingt nachbilden.

Bei abgeschaltetem Autolayout werden alle neu entdeckten Objekte nicht direkt in die Map integriert, sondern am unteren Rand der Netmap in einen besonderen Bereich eingetragen. Von dort aus muß sie der Netzmanager an ihren Bestimmmungsort verschieben. Trotzdem erkennt NetView auch hier, daß z.b. ein Router auf den oben genannten 3 Mapebenen erscheinen muß und stellt deshalb in allen betreffenden Bereichen das Symbol zum Eingliedern zur Verfügung.

Für die Symbole kann man standardmäßig aus ca. 100 verschiedenen Icons wählen, die in verschiedenen Klassen, wie z.b. Computer, Peripherie, Connectors oder Networks eingeteilt sind. Der praktische Nutzen der Iconänderung beschränkt sich aber auf die Auswahl bei manuellem Einfügen neuer Objekte und der Anpassung nicht SNMP-fähiger Hosts, die ohne besonderes Icon als generic computer eingezeichnet wurden, weil sie ihren Typ nicht automatischen preisgaben. Interessanter erscheint schon die Möglichkeit, für solche exotische Komponenten, die in einem speziellen Netzwerk häufiger vorkommen und für die in Net-View keine Standardsymbole festgelegt sind, eigene Definitionen in einen Konfigurationsfile angeben zu können, damit auch sie automatisch bearbeitet werden.

Die Darstellung der Netmap läßt sich entweder per Zoom an die jeweilige Größe des Fensters anpassen, oder man wählt die Variante mit Scrollbalken. Im ersten Fall werden die Icons von einer maximalen Größe aus so lange verkleinert, bis alle Informationen in den gewählten Ausschnitt passen. Dabei passiert es manchmal, daß sich die Labels unter den Icons, die die IP-Namen[26] der Objekte enthalten, überschneiden und dadurch unleserlich werden oder ganz verschwinden. Beim Scrolling wird zwar die Standardgröße immer beibehalten, dafür muß man aber den zu betrachtenden Mapteil bei Bedarf verschieben.

Bewertung des Netzeditors

Der Leistungsumfang des Netzeditors beschränkt sich auf die wichtigsten Funktionen ohne besondere Spielereien. So fehlen sogar die grundlegenden Zeichenfunktionen zur individuellen Gestaltung der Netmaps. Es ist außerdem fraglich, ob der Netzmanager in einer Umgebung mit einigen tausend Objekten überhaupt die Mühe aufwenden könnte, die ständig neu hinzukommenden und gelöschten Symbole aufzubereiten. So muß man sich z.B. zum Ändern eines einzigen Icons per Mausklick durch 5 Menüebenen hindurcharbeiten. Einfaches Drag and Drop oder gleichzeitiges Bearbeiten mehrerer zuvor selektierter Symbole zusammen ist nicht möglich.

Angesichts der mühseligen Arbeit und der latenten Gefahr, Inkonsistenzen[27] zu schaffen, ist es empfehlenswert, lediglich das Autolayout zu verwenden. Dadurch erhält man ständig aktualisierte Maps, in die jede Veränderung bzgl. Objektanzahl, -typen oder Netzstruktur automatisch eingetragen wird.

Der wesentliche Vorteil des Netzeditor bezieht sich eigentlich mehr auf den grundlegenden Aufbau der Map an sich. Durch die Möglichkeit, für jedes Objekt mehrere, unabhängige Symbole zu verwalten, wird die hierarchische Gliederung und das Zusammenfassen logisch verwandter, aber topologisch getrennter Netzknoten erst möglich.

---

[26] Bei Netzsegmenten oder falschen IP-Adressen ohne DNS-Eintrag steht hier die IP-Adresse.

[27] Entweder durch ungleich gestaltete Maps oder fehlende oder nicht richtig eingetragene Symbole bei manuellem Mapaufbau.

3.1.3 Datenbasis

Im Gegensatz zu den meisten Konfigurationsdateien von NetView, in denen die Einträge in ASCII-Klartext enthalten sind, sind die Datenbanken für die Map- und Hostinformationen binär kodiert. Das erhöht zwar die Zugriffsgeschwindigkeit und bei redundanter Kodierung auch die Datensicherheit. Dafür kann der Netzmanager aber nicht mehr ohne spezielle Hilfsprogramme Einträge anschauen oder verändern.

Auch eine Änderung oder Erweiterung der standardmäßig verwendeten Datenbankstruktur ist nicht möglich. Statt dessen kann man alternativ auch relationale Datenbanksystem verwenden. NetView unterstützt dazu die Formate DB2/6000, Informix, Ingres, Oracle und Sybase.

Um den gebotenen Vorteil, auf diese SQL-Datenbank mittels anderer kommerzieller oder selbst entwickelter Programm zuzugreifen, noch weiter auszubauen, verfügt NetView auch über eine spezielle Programmierschnittstelle. Diese wird insbesondere auch von den Herstellern diverser Zusatzkomponenten oder spezieller, zu integrierender Hardware verwendet. So ist es möglich, Anwendungen zu entwerfen, die die SNMP-Traps lesen und verschicken und im Hintergrund als eigenständige *Map-Application* für die Erkennung und Darstellung von Netzkomponenten verwendet werden können. Eine andere Möglichkeit sind sogenannte *Drop-in-Applications*, die in die Menüstruktur von NetView integriert werden. Die letzte Gruppe sind *Tool-Applications*, die eine eigenständige Benutzeroberfläche haben und nach vorgegebenen Richtlinien, die in den *NetView for AIX Application Style Guides* beschrieben sind, entwickelt werden müssen.

Eine Kontrolle des Speicherbedarfs ist nur über die üblichen Befehle des Betriebssystems möglich[28]. Das Gleiche gilt für die Verschlüsselung der Datenbankeinträge. Die einzige implementierte Schutzfunktion ist der Entwurf verschiedener Maps, die unterschiedliche Netzkomponenten enthalten und den einzelnen Netzmanagern mit Schreib- oder auch nur Leserechten zugänglich gemacht werden.

Die Pflege und Konsistenzprüfung der Datenbanken erfolgt über verschiedene mitgelieferte Programme. Das einfachste ist *ovmapcount*, welches nur die Datenbank der graphischen Oberfläche gegen die Objektdatenbank prüft, gegebenenfalls Korrekturen vornimmt und die Anzahl der bisher enthaltenen Objekte ausgibt. Da die meisten Netzkomponenten, wie schon beschrieben, mehrfach auf verschiedenen Ebenen der Maphierarchie vorkommen, ist diese Zahl jedoch weitaus größer als die der tatsächlichen Netzknoten. Des weiteren steht *ovtopofix* zur Verfügung, das sich ebenfalls nur durch Kommandozeilenparameter steuern läßt. Es kann sowohl eine reine Prüfung als auch eine Korrektur der gefundenen Fehler zwischen der Topologiedatenbank und der Mapdatenbank durchführen.

Um die Datenbasis nach gravierenden Systemabstürzen - die anfangs wegen dem unzureichenden Speicherausbau recht häufig auftraten - auf falsche Einträge zu prüfen und gegebenenfalls zu reparieren, wurde ein kurzes shellscript nvfix entwickelt (siehe Anhang auf Seite 88). Darin sind die verschiedenen offiziellen und inoffiziellen Tips zusammengefaßt, die der Dokumentation und den sonstigen Informationsquellen (vgl. Anhang auf Seite 87) entnommen wurden.

Ein weiterer Weg, gezielt Objekte in die Datenbanken einzufügen und zu löschen, geht natürlich über die graphische Benutzeroberfläche von NetView. Sämtliche Änderungen auf der einen Seite werden sofort automatisch auch auf der anderen nachgezogen. Allerdings arbeiten die Daemons nur in der Richtung 'Änderung in den Maps manuell oder durch

---

[28] Über eine SNMP-Abfrage auf den Daemon *trapgend* kann außerdem der gesamte freie Plattenplatz überwacht werden, damit NetView nicht plötzlich wegen Speichermangel abstürzt. Bei Bedarf erweitert dabei das System die jeweilige Partition automatisch um die benötigten Megabyte.

Autodiscovery' -> 'neue Einträge in den Datenbanken anlegen bzw. alte löschen'. Wenn es darum geht, auf Betriebssystemebene geänderte Datenbanken in der aktuellen Map anzeigen zu lassen, müssen die internen Verbindungen zwischen diesen beiden Systemteilen neu gestartet werden. Man muß also die zuständigen Daemons stoppen und wieder starten. Da mit angehaltenen Hintergrunddaemons die graphische Oberfläche von NetView natürlich die Verbindung zu den Datenbanken verliert und dadurch eventuell instabil wird, ist es ratsam, die Oberfläche vor dem Anhalten der Daemons zu verlassen. Somit ergibt sich folgende Reihenfolge für das zuverlässige Überprüfen der Datenbanken:

- NetView beenden: `File..Exit`

- Daemons anhalten: `ovstop <Daemonnamen>`

- Änderungen durchführen: `ovtopofix <gewünschte Parameter>`

- Daemons starten: `ovstart`

- NetView starten: `nv6000`

Bei Nichtbeachten dieser Vorgehensweise werden die Kommandos zur Prüfung der Datenbanken die noch laufenden Daemons bemerken und ohne weitere Änderungen eine entsprechende Fehlermeldung ausgeben. Die Benutzeroberfläche ihrerseits verliert beim einfachen Anhalten der Daemons abrupt den Kontakt zu den Datenbanken. Dabei wird sie diverse Fehlermeldungen ausgeben und abstürzen oder eventuell instabil weiterlaufen, sobald die Daemons wieder gestartet werden.

Bewertung der Datenbasis

Die standardmäßig verwendete Datenbank besteht aus einer starren und relativ unzugänglichen Struktur. Die einzige Eingriffsmöglichkeit besteht darin, per Kommandozeilenprogramme etwaige Inkonsistenzen zu korrigieren. Die dabei zu verwendenden Parameter sind sehr kryptisch, nur knapp in der Dokumentation beschrieben und schließen sich teilweise gegenseitig aus. Insgesamt gesehen also eine recht unübersichtliche Handhabung ohne Benutzeroberfläche, die man am besten durch (selbst zu erstellende) shellscripts verbessert.

Eine genauere Bewertung der SQL-Anbindung und der Programmierschnittstelle kann an dieser Stelle nicht abgegeben werden, da aufgrund des zeitlichen Rahmens dieser Arbeit keine eigenen Applikationen zur Einbindung in NetView entworfen werden konnten. Da aber praktisch sämtliche Hersteller von Third-party-Soft- und -Hardware auf diese beiden Möglichkeiten mit Erfolg zurückgreifen, sollte eine brauchbare Funktionalität sichergestellt sein.

3.1.4   Konfigurationsdokumentation

Um die momentane Netzkonfiguration, d.h. den Inhalt der NetView-Datenbanken zu protokollieren, stehen 3 verschiedene Kommandos auf Betriebssystemebene zur Verfügung. Hier sei nur kurz der jeweilige Verwendungszweck erklärt.

Mittels *ovtopodump* kann man sich eine Liste der Objekte der Topologiedatenbank anzeigen lassen. Dabei werden innerhalb einer Zeile solche Angaben wie Objektnummer, IP-Name, IP-Adresse und momentaner Status (up / down / unmanaged) gemacht.

Die umfangreichsten Informationen bietet *ovobjprint*. Dieses listet ebenfalls für jedes Objekt aus der Objektdatenbank - aber verteilt auf ca. 40 Zeilen - noch zusätzliche, interne Informationen auf. So kann man z.B. feststellen, welche SNMP-Software installiert ist, um welchen Gerätetyp es sich handelt und - im Falle eines Routers - die Art und Adressen seiner

Netzkarten. Wenn es sich um den Eintrag eines Netzsegments handelt, werden beispielsweise die Adresse, die Topologie und Anzahl der angeschlossenen Geräte genannt.

Eine Sonderstellung nimmt das Kommando *ovmapsnap* ein. Damit kann man einen Schnappschuß des momentanen Zustandes der Netmap anfertigen. Eine solche Augenblicksbetrachtung läßt sich später mittels *ovmapdump* ausdrucken oder zum Vergleich mit der aktuellen Situation verwenden.

Die gesetzten Einstellungen des Programms selbst, wie z.B. Pollingintervalle, verwendete Autolayoutfunktion oder SNMP-Communities, lassen sich nicht durch spezielle Applikationen dokumentieren. Um diese Werte in Erfahrung zu bringen, muß man entweder in der entsprechenden Menümaske nachschauen, oder die Konfigurationsdateien auf Betriebssystemebene auswerten. Da diese aber nur teilweise in ASCII-Klartext, meist aber binär kodiert sind, ist dieser Weg nicht sonderlich erfolgreich.

Die Druckmöglichkeiten des Systems beschränken sich auf das Auswählen von einzelnen Windows der Motif-Oberfläche, in denen die gewünschten Informationen stehen. Das können dann sowohl Netmaps als auch Textmasken sein. Dieses Captureverfahren erfaßt allerdings den gesamten Fensterausschnitt mit der Menüliste, den Smarticons und den Rahmen zum Verändern der Bildgröße. Wenn also aus technischen Gründen (Bildschirmauflösung etc.) eine Map nicht komplett dargestellt werden kann, wird auch nur der erfaßte Ausschnitt - mit den unerwünschten Fensterelementen - gedruckt. Auszüge der Datenbanken bzgl. den Netzknoten können nicht direkt aus dem Programm heraus gedruckt werden. Dazu müssen die oben beschriebenen Kommandos zur Netzdokumentation auf Betriebssystemebene zum Drucker umgeleitet werden.

Bewertung der Konfigurationsdokumentation

Gemessen an den vorgegebenen Anforderungen, ist die Leistungsfähigkeit dieses Abschnitts mit am schwächsten. Außer der Protokollierung der Netzknoten - welche auch nur 'von Hand' auf Betriebssystemebene per Kommandozeilenparameter möglich ist - werden fast keine der gewünschten Möglichkeiten erfüllt. Selbst das Drucken der Netmaps ist eine Behelfslösung, bei der einfach ganze Fenster ohne Aufbereitung der Inhalte erfaßt werden.

3.1.5 Konfigurationsmanagement

Jeder erfaßte Netzknoten wird - falls er oder das Subnetz in dem er liegt nicht als unmanaged definiert wurde - in regelmäßigen, einstellbaren Abständen von NetView auf seinen aktuellen Status abgefragt. Handelt es sich dabei um einen SNMP-fähigen Host, so kann neben der reinen Aktivität (up / down) auch noch der interne Zustand überwacht werden. Als Beispiel seien die Router genannt, die erst als normaler IP-Host erfaßt wurden und nach Installieren der SNMP-Software und Benutzen der richtigen Community in ein Gateway mit den zugehörigen Verbindungen umgewandelt wurden. Diese ganzen Änderungen werden sofort nach Bekanntwerden synchron in der Netmap und den Datenbanken eingetragen.

Die Defaulteinstellung des Programms für die Pollingfrequenz war 5 Minuten. Angesichts der Menge von ca. 3000 zu überwachenden Hosts und der geringen CPU-Leistung der Netzwerkmanagementstation wurde dieser Wert auf 15 Minuten für die Router mit eigener Community und 60 Minuten für alle anderen Netzknoten erhöht. Dadurch verteilt sich die Abfragelast auf einen ausreichend großen Zeitraum. Trotzdem muß die NMS durchschnittlich immer noch einen Host je Sekunde ansprechen, die erhaltenen Daten - bei SNMP-fähigen Knoten können das auch lange ARP-Tabellen sein - mit den Einträgen in den Datenbanken vergleichen und gegebenenfalls einen Fehlertrap absetzen. Bei einigen Rechnern mußte das regelmäßige Abfragen ganz abgeschaltet werden, weil in dem betroffenen Fachbereich alle Zugriffe von außen gemeldet und protokolliert werden. Ständiges Pollen per ICMP-Request und versuchte SNMP-Abfragen - gleich in welchen Abständen auch immer - verursachten dort somit eine unzumutbare Mehrbelastung der zuständigen Netzmanager.

Bei dem periodischen Auswerten der erhaltenen SNMP-Daten werden auch neue, bisher noch nicht erfaßte Knoten erkannt. Das weitere Vorgehen des Systems von Aktivitätsprüfung mittels ping, SNMP-Anfrage, Eintragen in die Netmap und Datenbanken, bis hin zum regelmäßigen Überwachen in Zukunft, ist dann identisch zum bereits beschriebenen Autodiscovery nach abgeschlossener Programminstallation.

Für jeden Netzknoten wird außerdem ein Zeitstempel gespeichert, der besagt, wann das Gerät zum letzten Mal auf eine periodische Anfrage reagiert hat. Liegt dieses Ereignis eine bestimmte, frei wählbare Zeitspanne zurück, so nimmt NetView an, daß der Knoten nicht mehr existiert und löscht ihn aus der Netmap und den Datenbanken. Sobald beim periodischen Abfragen von ARP-Tabellen in SNMP-Hosts die Adressen des Rechners neu auftauchen, wird sofort sein Status geprüft. Wenn dieser wie erwartet aktiv ist - d.h. der Rechner nicht direkt nach Kontaktaufnahme zu einem anderen Host wieder abgeschaltet wurde - werden die erfaßten Daten erneut in die Datenbank aufgenommen und die zugehörigen Icons an den entsprechenden Stellen der Netmap erzeugt. Fortan wird der Rechner dann wieder regelmäßig wie beschrieben abgefragt.

Die hier gemachten Aussagen über periodisches Pollen und gegebenenfalls Löschen gelten natürlich nicht für unmanaged gesetzte Knoten.

Bewertung des Konfigurationsmanagements

Die vom RHRK geforderten Funktionalitäten werden in vollem Umfang erfüllt. Als mögliche Erweiterung - sowohl der Anforderung als auch des Leistungsumfangs - wäre eine Aufteilung der definierten Zeitintervalle für Polling und Löschen der Hosts in verschiedene Klassen denkbar. Damit könnte man z.B. das ständige Überprüfen relativ unwichtiger PCs von anderen Netzknoten unabhängig gestalten. Bisher muß jeder Rechner, der von dem allgemein gültigen Wert abweichen soll, explizit von Hand eingegeben werden.

3.1.6   Fehlerbehandlung

Die auslösenden Momente für die von NetView angezeigten Fehlermeldungen kann man grob in zwei Klassen einteilen.

Zum einen gibt es die über SNMP versandten Traps anderer Stationen, die eine besondere Situation vor Ort beschreiben. Die Möglichkeiten dieser Nachrichten wurden während den durchgeführten Untersuchungen nicht verwendet, da aus Performancegründen die SNMP-Agenten nicht dahingehend konfiguriert wurden, selbständig Auswertungen durchzuführen und die Netzwerkmanagementstation über außergewöhnliche Ereignisse zu informieren.

Die zweite Klasse sind Ereignisse, die aufgrund verschiedener - meist auch von außerhalb erhaltener - Daten in der Netzwerkmanagementstation selbst erzeugt werden. Darunter fallen Meldungen über gerade als ein- bzw. ausgeschaltet erkannte Knoten, Grenzwertüberschreitungen diverser Meßwerte und nicht zuletzt Zustandsmeldungen des Programms selbst, die bestimmte Benutzeraktionen und die Funktionsfähigkeit der Daemons protokollieren. Diese unterschiedlichen Ereignisse werden von NetView zur weiteren Verwendung in ein einheitliches Format, sogenannte Traps, übersetzt. Alle weiteren Aktionen und Protokollierungen erfolgen dann auf Basis dieser Traps.

Die eingehenden Traps werden in zwei verschiedenen Dateien protokolliert. Einmal in der aus Geschwindigkeitsgründen binär kodierten Datenbank `/usr/OV/log/ovevent.log`, die NetView selbst verwendet, wenn es nach bestimmten Ereignissen suchen muß. Zusätzlich gibt es noch die ASCII-Datei `/usr/OV/log/trapd.log`, in der die Meldungen im Klartext stehen. Darauf kann man leicht ohne genaue Kenntnis einer vordefinierten Datenstruktur zugreifen, um sich einen Überblick von den Fehlermeldungen zu verschaffen. Bei den Untersuchungen zu dieser Arbeit wurde beispielsweise häufig mittels *grep* nach Ereignissen bzgl. bestimmter Hosts oder MAC-Adressen gesucht.

Die Daten der eingehenden Traps werden unter NetView standardmäßig im sogenannten *control desk* angezeigt. Das ist eine Applikation, die die verschiedenen Daten und Diagramme von benutzerinitiierten Abfragen und Auswertungen aufnimmt. Dazu wird jedes Mal ein neues Fenster erzeugt, das über ein eigenes Icon angewählt werden kann. Damit ist die Übersichtlichkeit auf dem Bildschirm gewährleistet, denn es kann immer nur ein Fenster gleichzeitig im control desk angezeigt werden. Bei Programmstart wird ein sogenanntes *event window* geöffnet, das die letzten 500[29] Meldungen aus der Datei `/usr/OV/log/trapd.log` enthält. Da in dieses event window alle eingehenden Traps ungefiltert[30] eingetragen werden, fallen wegen der Hostanzahl in dem verwalteten LAN ständig große Mengen von zum Teil unwichtigen Meldungen an. Um dabei nicht den Überblick zu verlieren, besteht die Möglichkeit, zusätzliche event windows - sogenannte *dynamic* oder *static workspaces* - zu öffnen, in denen die Datenmenge jeweils nach bestimmten Kriterien eingegrenzt wird. Der Unterschied der beiden Typen ist dabei schon aus der Bezeichnung ersichtlich. Während ein static workspace einfach nur die momentan verfügbaren Meldungen durchsucht und alle betreffenden anzeigt, kann das dynamic workspace auch noch später eintreffende Traps filtern und gegebenenfalls hinzufügen.

Filtern der Traps

Zum Filtern der Traps können für jedes event window separate Kriterien angeben werden. Dazu steht ein Filtereditor zur Verfügung, der sowohl einfache Bedingungen als auch komplexere, aus Und/Oder-Verknüpfungen und Negationen aufgebaute Konstrukte erlaubt. Die einfachen Kriterien bestehen entweder aus einem Teilwort, das in der Trapmeldung enthalten sein soll oder einer bestimmten Ereignisklasse, zu der der Trap gehört.

Die erste Variante kann man z.B. verwenden, um sich alle Ereignisse anzeigen zu lassen, die irgendwie mit dem Router Minnetonka zu tun haben. Dazu wird der String 'minnetonka' als Suchkriterium ohne weitere Verknüpfungen angegeben. Daraufhin wird ein neues event window erzeugt, in dem nur Meldungen erscheinen, die das Suchwort enthalten.

Die zweite Filtermöglichkeit besteht darin, nur Ereignisse aus einer von sieben vordefinierten Ereignisklassen anzeigen zulassen. Diese Gruppen sind im einzelnen:

- Threshold: Traps, die sich auf das Definieren und Überschreiten von Grenzwerten beziehen.

- Network topologie: Hier wird angezeigt, welche Objekte in die Map und die Datenbanken hinzugefügt oder daraus gelöscht wurden.

---

[29] Änderbarer Defaultwert.

[30] Mit einem Trick ist es möglich, vor dem Starten der Benutzeroberfläche eine Filterdefinition im File `$HOME.<login>.events` abzulegen, die auch für das globale event window gilt. Dazu muß man nur - am besten im shellscript `/usr/OV/bin/nv6000 -` eine Filterdefinition zu dem o.g. File kopieren.

- Error: Systeminterne Fehlermeldungen, die sich auf den Zustand der Daemons und der graphischen Oberfläche beziehen.

- Status: Ereignisse, die das An- bzw. Abschalten von Netzknoten und gegebenenfalls die davon betroffenen Zustandsänderungen einzelner Netzsegmente beschreiben.[31]

- Node configuration: Interne Zustandsänderungen eines Hosts. Das sind z.B. Abfragen des IP-Namens nach Entdecken einer neuen IP-Adresse, Statusänderung sobald SNMP-Informationen verfügbar sind oder alle Arten von Fehlern bzgl. IP-Adresse und MAC-Adresse.

- Application alert: Hier werden Fehlermeldungen von selbst programmierten Anwendungen eingeblendet, die eigene Trapnummern verwenden.

- Map events: Diese Klasse ist bei den Untersuchungen nie aufgetaucht. Sie ist weder in der Dokumentation beschrieben noch konnte der IBM-Mitarbeiter, der dem RHRK freundlicherweise bei vielen Problemen und Unklarheiten zur Seite stand, etwas dazu sagen.

So definierte Filter kann man einzeln abspeichern und direkt verwenden oder zusammen mit anderen zu komplexeren Formeln verknüpfen. Ein weiterer Pluspunkt der zusätzlichen event windows mit selbstdefinierten Filtern ist die einfache Möglichkeit, den Traps akustische Signale zuzuordnen. Für jedes einzelne Window läßt sich nämlich festlegen, ob eingehende Meldungen auch mit einem Piepston gemeldet werden sollen.

Benutzerdefinierte Aktionen

Weitergehende Aktionen für jeden einzelnen Trap lassen sich mit dem *event editor* unter Options..Event Configuration..Trap Customization: SNMP festlegen. Dabei können nicht nur die NetView-spezifischen Ereignisse verwendet werden, welche zu Dutzenden zur Auswahl stehen (vgl. Anhang im NetView Administrators Guide). Praktisch jedes Ereignis, das irgendwo in den MIBs I und II definiert ist, ist verfügbar. Standard-MIBs wie z.B. RMON sind schon per Default vorbereitet. Für herstellerspezifische Datenbasen müssen zusätzliche Module geladen werden (vgl. Seite 81).

Jeder so zur Verfügung gestellte Trap kann in einer eigenen oder modifizierten Eventdefinition verwendet werden. Dabei wird dem Trap eine bestimmte Befehlsfolge und optional eine Liste von Hosts zugeordnet. Wird dann einer dieser Hosts von dem Trap betroffen, so führt NetView die festgelegten Befehle aus. Diese werden am besten in einem shellscript auf Betriebssystemebene abgelegt, wodurch sich folgende Vorteile bieten:

- Wichtige Daten, wie Trapnummer, erzeugender Host etc. können als Parameter an das script mit übergeben werden.

- Selbst komplexeste Auswertungen der übergebenen Daten gegenüber dem bloßen Aufruf einiger Kommandos sind mittels der script-Programmierung möglich.

- Alle scripts können in einem Verzeichnis zentral abgelegt werden. Dadurch wird die Verwaltung der Kommandos wesentlich erleichtert, da man sich nicht für jeden Trap durch die Bildschirmmasken hindurcharbeiten muß. Statt dessen werden die notwendigen Änderungen mit einem normalen ASCII-Editor oder -Ersetzungsbefehl von der Kommandozeile aus durchgeführt.

---

[31] Man kann für jedes Subnetz festlegen, wann sein Zustand als kritisch (gelbes Icon) zu gelten hat, d.h. ein bestimmter Prozentsatz der enthaltenen Hosts ist abgeschaltet. Durch diese Färbung der jeweils nächsthöheren Mapebene, abhängig vom Zustand der darin enthaltenen Elemente, ist es möglich, eine Art Gesamtzustand des Netzes auf einen Blick zu erhalten.

In einem solchen shellscript lassen sich dann beispielsweise e-mails zur Information des Netzmanagers verschicken, oder Aufrufe der Befehle *ovxecho* und *ovxbeep* einbinden. Diese beiden Kommandos sind im Lieferumfang von NetView enthalten und öffnen ein Fenster mit benutzerdefinierbarem Text und 'OK'-Button zur Quittierung. Der Befehl ovxbeep erzeugt zusätzlich einen anhaltenden Signalton und ist damit ideal zur Überwachung wichtiger Router und Server im Netz.

Als Anwendungsbeispiel für die mögliche Verwendung des event editors wurde ein shellscript `IP-Meldung` (s. Anhang auf Seite 88) erstellt, daß beim Auftauchen eines traps #58982400 `Link Address for <IP-Address> Changed to <MAC-Address>` gestartet wird. Es überprüft die NetInfas-Datenbank auf die beanstandete MAC-Adresse und gibt entweder eine entsprechende Meldung aus, daß kein Eintrag gefunden wurde oder die zugehörigen Informationen, die in der Datenbank enthalten waren. Das entlastet den Netzmanager, jedes Mal manuell in der entsprechenden Datei nach den benötigten Informationen zu suchen.

Das Erzeugen und Verwalten von sogenannten *trouble tickets* ist im Grundpaket von NetView nicht enthalten. Dazu bietet IBM ein spezielles Zusatzmodul an, das nicht Gegenstand dieser Untersuchungen war.

Bewertung der Fehlerbehandlung

Außer dem Modul für die Bearbeitung von trouble tickets, das zusätzlich erworben werden muß, werden alle geforderten Funktionen geboten. Besonders hervorzuheben ist dabei der Leistungsumfang in Bezug auf die Auswertung von SNMP-Traps und deren Weiterverarbeitung für benutzerdefinierte Aktionen. Verbesserungswürdig sind vor allem zwei Punkte, die die laufende Anzeige der SNMP-Meldungen betreffen.

Zum einen ist es nicht möglich, die manuell zu öffnenden workspaces im event desk vor bzw. während dem Schließen der Benutzeroberfläche zu sichern, damit sie beim nächsten Systemstart wieder automatisch aktiv werden. Zwar lassen sich die einzelnen Filter mit den definierten Kriterien selbst abspeichern. Um aber die damit gesteuerten event windows wieder zu bekommen, müssen sie jedes Mal von Hand gestartet werden. Es ist keine Option vorgesehen, die es ermöglicht, bei einer späteren Weiterarbeit die Arbeitsumgebung wieder so vorzufinden, wie sie verlassen wurde. Das ist insbesondere dann lästig, wenn man 10 oder noch mehr verschiedene Ereignisklassen getrennt überwachen möchte, aber häufig ein Neustart von NetView nötig ist.[32]

Eine andere Schwäche betrifft das Fehlen eines leistungsstarken Browsers für die Meldungen im event desk und vor allem für die archivierten Einträge in den Datenbanken, die nicht mehr auf dem Bildschirm stehen. Die einzige Möglichkeit, gezielt nach bestimmten Einträge zu suchen, die womöglich älter sind, als die 500 letzten Meldungen des event desks, besteht darin, auf Betriebssystemebene mit grep oder ähnlichen Programmen in den ASCII-Logfiles nachzuschauen.

---

[32] Selbst bei einem eigenen Terminal nur für die Netzüberwachung gibt es ständig zwingende Gründe, die Benutzeroberfläche zu verlassen: Programmabsturz, Backup der Datenbanken, Konsistenzprüfung der Datenbanken, Hinzufügen oder Änderung der Einstellungen eines Daemons, Konfigurationsänderungen am Programm selbst, etc.

3.1.7 Leistungsüberwachung mit RMON

Zur Erfassung von Zustandsdaten des Netzwerks verfügt NetView über die Möglichkeit, Meßwerte von SNMP-fähigen Geräten auszulesen und darzustellen. Die dabei erhältlichen Werte der Management Information Bases befassen sich nur zum Teil mit tatsächlichen Leistungswerten. Am interessantesten in Bezug auf die Erfassung des Netzverkehrs sind die RMON-MIBs aus den im Netz installierten Probes.

Insgesamt bietet das System drei verschiedene Tools, die jeweils für besondere Einsatzfälle gedacht sind. Eine ausführliche Beschreibung und Bewertung der Handhabung und Funktionsweise dieser Module findet sich im nächsten Kapitel ab Seite 73. Deshalb sei hier nur kurz ihr Einsatzzweck erläutert:

MIB Browser: Auswählen eines Knotens in der MIB-Struktur und Auslesen aller darunter liegender Werte in eine Tabelle. Ein einzelner Wert kann in seinen Veränderungen graphisch verfolgt werden.

MIB Application Builder: Zusammenfassen beliebiger MIB-Variablen zu einer Abfrage in graphischer oder tabellarischer Form. Eine solche Abfrage kann auf jeden SNMP-fähigen Host angewendet werden.

MIB Data Collector: Sammeln von MIB-Meßwerten über einen beliebigen Zeitraum. Diese können zur späteren Auswertung und Darstellung gespeichert oder auf Überschreiten von gesetzten Schwellwerten überwacht werden. Im letzteren Fall wird ein Trap abgeschickt, der im Eventdesk angezeigt wird und eine benutzerdefinierbare Aktion auslösen kann.

Bewertung der Leistungsüberwachung

Die Funktionalität - insbesondere im Bereich der Wertedarstellung - beschränkt sich auf das Allernötigste. Die Auswahl einer abzufragenden MIB-Variablen ist umständlich und mangels Suchfunktion zeitraubend, besonders wenn man ihre Position in der Struktur nicht genau kennt. Zur Visualisierung von Meßwerten steht nur eine primitive Darstellungsweise in Form einer Fieberkurve zur Verfügung. Optisch aufwendigere Balkendiagramme sind nicht möglich, ganz zu schweigen von einer 3dimensionalen Darstellung von Kommunikationsbeziehungen, wie sie z.B. die HostTopN Group der RMON-MIB liefert. Als Grund für diese schwache Leistung kann nur vermutet werden, daß IBM die Zusatzkomponente RMONitor verkaufen möchte. Dieses Modul, das nicht Bestandteil dieser Untersuchungen war, läßt nach Firmenangaben keinerlei Wünsche in Sachen Meßwerterfassung, -auswertung und -darstellung offen.

3.1.8 Sicherheitsaspekte und Kostenabrechnung

Die beiden letzten Teile der Anforderungsliste sollen hier nur kurz angerissen werden, da sie weder explizite Bestandteile der durchzuführenden Untersuchungen waren, noch in NetView in erwähnenswerter Weise implementiert sind.

Der Datenverkehr zwischen Netzwerkmanagementstation und SNMP-Agenten kann nicht besonders gesichert werden, da das zur Zeit verwendete SNMP Version 1 keine Verschlüsselung vorsieht. D.h. sämtliche Abfragen und Ergebnisse werden im Klartext gesendet. Somit kann jeder, der die Datenpakete im Netz abfängt und analysiert, z.B. die verwendeten Communities in Erfahrung bringen und damit entsprechend agieren.

Die Zugriffsbeschränkungen für die gesammelten Managementdaten erstrecken sich lediglich auf die bekannten rwx-Rechte des Betriebssystems und die Möglichkeit, den lokalen

Netzmanagern verschiedene Maps mit unterschiedlichem Informationsgehalt und Schreib-
oder Leserechten zur Verfügung zu stellen.

Das Problem der Datenkonsistenz bei Multiuserbetrieb wird einfach dadurch gelöst, daß
jede Map - und damit alle zugehörigen Datenbanken - nur von einem Benutzer im read-wri-
te-Modus geöffnet werden kann. Weitere Zugriffe auf die gleiche Map erfolgen dann
readonly.

Es sind keine Funktionen zur Unterstützung einer Kostenabrechung implementiert.

3.2 Lokalisierung falscher IP-Adressen

In diesem Abschnitt soll untersucht werden, in wie weit es NetView ermöglicht, die verschiedenen Arten der falschen Verwendung von IP-Adressen im Netz zu erkennen. Dabei wird
von den auf Seite 38 beschriebenen Fehlerklassen ausgegangen.

3.2.1 Erkennen falscher IP-Adressen

Um die wechselnde Zuordnung IP-Adresse <-> MAC-Adresse festzustellen[33], müssen die
Adreßpaare irgendwo erfaßt und zum späteren Vergleich gespeichert werden. Die erste An-
nahme, an welchem Punkt solche Untersuchungen ablaufen, betrifft die Netzwerkmanagementstation. Dort könnten zwar die festgestellten Daten gespeichert werden, aber die eigent-
liche Erhebung ist an dieser Stelle nicht möglich. Das liegt daran, daß jedes Datenpaket, das
über ein Strukturierungselement der Ebene 3 oder höher geschickt wird, die ursprüngliche
MAC-Adresse verliert. Die ankommenden Pakete werden dort ausgepackt, der komplette
Ethernet- bzw. FDDI-Frame abgestreift, die Nutzdaten samt den IP-Adressen von Sender und
Empfänger durchgereicht und auf der anderen Seite in einen neuen Frame mit der MAC-
Adresse der jeweiligen Netzkarte eingepackt. Da nun (fast) jedes Datenpaket im LAN auf
seinem Weg über verschiedene Router geleitet wird, bekommt es jedes Mal die MAC-Adres-
se des entsprechenden Routerinterfaces eingetragen.

Somit könnte die Netzwerkmanagementstation gar nicht feststellen, daß von einem entfernten Subnetz Datenpakete der IP-Adresse 1 abwechselnd mit MAC-Adresse 1 und MAC-
Adresse 2 verschickt werden. Sie würde immer nur die (gleiche) MAC-Adresse des Routerinterfaces sehen, das ihr eigenes Subnetz bedient. Wenn sie in einem Subnetz mit redundanten
Datenwegen liegt, würde sie sogar bei einwandfreien Paketen Fehler feststellen, wenn diese
einmal von Router 1 und ein anderes Mal von Router 2 zu ihr geleitet werden.

Es gibt noch einen weiteren Grund, der dagegen spricht, daß das Erkennen der doppelten
IP-Adressen in der Netzwerkmanagementstation stattfindet. Die allermeisten Datenpakete
können gar nicht bis zur NMS durchdringen, da sie schließlich auf möglichst direktem Weg
an ihr Ziel geroutet werden. Ein Vorbeileiten an der NMS müßte also explizit veranlaßt werden, wäre ein Umweg oder sogar der Weg in eine Sackgasse und würde außerdem die meisten Rechner hoffnungslos überlasten, wenn sie alle Datenpakete auswerten müßten.

Um also den ersten Grund - das Abstreifen der MAC-Adresse am ersten Router nach Verschicken des Datenpakets - auszuschalten, bleibt nur noch ein Netzknoten, der direkten Kontakt mit dem Subnetz des Absenders hat. Der betreffende Knoten sollte möglichst alle Hosts

---

[33] Die Problematik, daß doppelte IP-Adressen von den Anwendern selbst unbemerkt bleiben, wird durch die steigende Verbreitung
von Windows 3.11 mit neuem TCP/IP-Stack langsam entschärft. Dieser VxD-Kernel erkennt nämlich selbständig, wenn beim
Rechnerstart schon ein anderer Host die gleiche IP-Adresse verwendet. Allerdings wird es auch weiterhin sehr viele PCs geben, auf
denen nur DOS, einige CAD-Programme und die Terminalemulation für den Zugriff auf den Supercomputer installiert sind.

des Subnetzes in seiner ARP-Tabelle gespeichert haben, dazu und zum Verschicken der Antworten SNMP-fähig sein und sowieso seine CPU-Zeit damit verbringen, Datenpakete und die darin enthaltenen Adressen zu analysieren. Somit fällt die ideale Wahl auf den Router des jeweiligen Subnetzes. Tatsächlich ist sogar jeder SNMP-fähige Host als Grundlage für das Erkennen von Zuordnungsfehlern geeignet. Die meisten Ergebnisse kommen aber logischerweise von den Routern, da nur sie von allen Rechnern eines Subnetzes angesprochen werden.

Aber auch diese zweite Vermutung über das Entstehen der Fehlermeldungen ist so nicht richtig. Zunächst einmal ist die SNMP-Software in den Hosts im Prinzip nichts weiter als eine große Tabelle in der Werte gespeichert und ausgelesen werden können. Es ist kein Programm vorhanden, daß irgendwelche Konsistenzprüfungen durchführen und entsprechende Traps generieren könnte. Außerdem verschicken SNMP-Agenten auch nicht selbständig Fehlermeldungen. Dazu müßte bekannt sein, welche Hosts an welcher Stelle im Netz als Netzwerkmanagementstation fungieren und welche Informationen für welche Station bestimmt sind. Eine solche Zuordnung ist nirgends festgelegt.

In der Realität wird eine Kombination der beiden Denkmodellen verwendet. NetView fragt über SNMP regelmäßig die ARP-Tabellen aller SNMP-fähigen Hosts ab. Dadurch erhält es ständig die aktuellen, vor Ort erfaßten Zuordnungen IP-Adresse <-> MAC-Adresse. Diese speichert es in seinen Datenbanken und vergleicht sie mit früher gemachten Einträgen. Im Falle einer Abweichung werden dann die alten Werte durch die neuen ersetzt und eine entsprechende Fehlermeldung generiert:

```
Link Address For 131.246.13.34 Changed to 0x0000C0100127
Host reports a different Link Address for this node than it reported before
```

Das bedeutet, daß in einem Datenpaket die IP-Adresse 131.246.13.34 plötzlich mit der MAC-Adresse <0x0000C0100127> kombiniert wurde, obwohl zuvor für den der IP-Adresse zugeordneten Host eine andere MAC-Adresse gespeichert war. Wenn eine solche Meldung für einen IP-Namen nur einmal auftritt, bedeutet das, daß wohl nur eine Netzkarte ausgetauscht wurde. Die neu erkannte MAC-Adresse wird mit der ersten Fehlermeldung in den Datenbanken von NetView eingetragen und fortan ohne weitere Probleme als aktueller, richtiger Wert angesehen. Falls sich obige Meldung aber im Wechsel mit einer oder sogar mehreren anderen MAC-Adressen in unregelmäßigen Abständen wiederholt, so benutzen mehrere Geräte in dem Subnetz die gleiche IP-Adresse.

Das Problem an dieser Fehlermeldung ist, daß immer nur der 'unschuldige' Host mit Namen[34] genannt wird. Schließlich wird seine IP-Adresse von einem anderen Rechner benutzt, der dadurch seine wahre Identität verschleiert. Wenn der andere Rechner seit Installation der Managementsoftware immer nur die falsche IP-Adresse und nie seine eigene benutzt hat, so ist er nicht einmal in den Datenbanken von NetView enthalten. Er ist schließlich nie 'offiziell' in Erscheinung getreten, sondern immer nur als 'die neue Netzkarte' des eigentlichen Besitzers der IP-Adresse.

Die Aufgabe des Netzmanagers nach Erhalt einer solchen Meldung besteht nun darin, anhand der Daten den verursachenden Host herauszufinden. Als Grundlage der tatsächlichen Hostdaten stehen ihm an der Universität Kaiserslautern nur die Einträge der NetInfas-Datenbank zur Verfügung. Anhand der 6 definierten Fehlerklassen soll nun das jeweilige weitere Vorgehen beschrieben werden. Dabei wird davon ausgegangen, daß maximal 2 Hosts die gleiche IP-Adresse benutzen. Bei mehreren Knoten sind analog dazu die weiteren Meldungen auszuwerten. Eine schematische Übersicht, wie man anhand einzelner Entscheidungen auf

---

[34] Genau genommen wird seine IP-Adresse gemeldet, welche aber - falls möglich - von NetView mittels Anfrage beim DNS durch den IP-Namen ersetzt wird.

den zugrunde liegenden Fall schließen kann, findet sich in dem Baumdiagramm auf dieser Seite. In der Tabelle auf dieser Seite stehen mathematisch-logische Definitionen der bisher verbal formulierten Kriterien, anhand deren eine Zuordnung zu einem bestimmen Fall vorgenommen wurde.

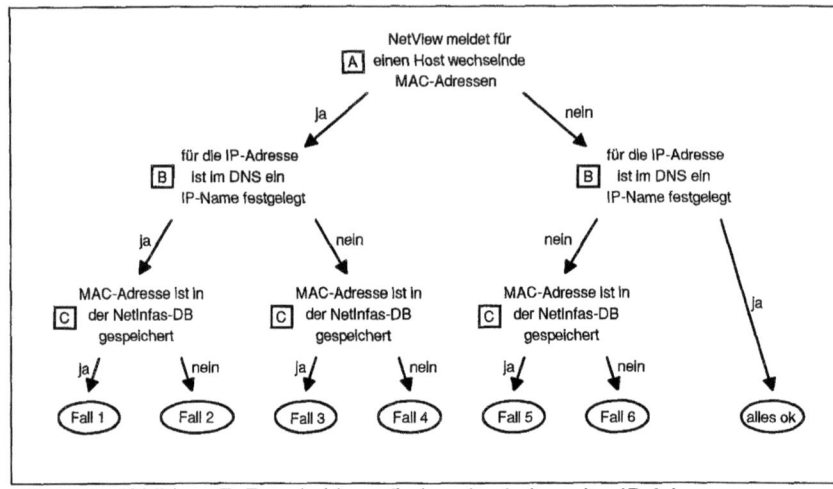

Abbildung 7: Entscheidungsfindung bzgl. doppelter IP-Adressen

#	Kriterium	Ursache	Fall
A	(MAC-Adresse$_1$, IP-Adresse, IP-Name) <-> (MAC-Adresse$_2$, IP-Adresse, IP-Name) d.h. Datenpakete mit wechselnder MAC-Adresse	PC$_2$ verwendet IP-Adresse von PC$_1$	1, 2, 3, 4
B	IP-Adresse = IP-Name	kein Eintrag im DNS	3, 4, 5, 6
	IP-Adresse $\in$ NetInfas-Datenbank	IP-Adresse wurde schon vergeben	1, 2
C	MAC-Adresse$_{1/2}$ $\in$ NetInfas-Datenbank	Netzkarte 1/2 legal angeschlossen	1, 3, 5

Tabelle 2: Definition der Entscheidungskriterien

Jedes einzelne der drei, zur eindeutigen Fehlerbestimmung notwendigen, Kriterien führt für sich genommen zu einer Menge 2 bis 4 von möglichen Fällen. Dabei bedeutet eine positive Entscheidung des aufgeführten Kriteriums, daß die jeweils aufgelisteten Fälle in Betracht kommen. Bei negativer Beurteilung ist dazu analog die Komplementärmenge anzunehmen. Wenn man mehrere Entscheidungen (A bis C) getroffen hat, und damit die jeweiligen Fallmengen miteinander schneidet, verringert sich die Anzahl der potentiellen Fälle. Unter Einbeziehung der Ergebnisse aller drei Kriterien ergibt sich daraus immer eine Schnittmenge, die genau ein Element enthält - den betreffenden Fall.

Fall 1

Die erhaltene Fehlermeldung ist von Typ:

`Link Address For <IP-Name2> Changed to <MAC-Adresse1/2>`

Da in diesem Fall beide Karten legal in der NetInfas-Datenbank eingetragen sind, muß nur darauf gewartet werden, bis beide MAC-Adressen gemeldet wurden. Dann kann man mit einem einfachen grep-Kommando in einer ASCII-Liste, die von der NetInfas-Datenbank generiert wurde, nach den beiden Adressen suchen. Hier zeigt sich dann, welcher Host die MAC-Adresse 1 besitzt, welche IP-Adresse ursprünglich für ihn vergeben wurde und in welchem Raum er steht. Daraufhin muß der Netzmanager nur noch vor Ort die richtigen Daten in den Konfigurationsdateien eintragen und sich über die Erklärungen der überraschten Anwender wundern (vgl. Seite 67), falls er sie danach befragt, wie es denn zu dieser Verwechslung kommen konnte. Diese an und für sich einfache Suche nach den richtigen Hostdaten wird allerdings meist dadurch erschwert, daß ausgerechnet die MAC-Adresse, welche die einzige bekannte Information über den falsch konfigurierten Host darstellt, nicht in dem jeweiligen Datensatz der Datenbank enthalten ist. Diese Adresse sollte normalerweise von dem Techniker, der den Netzanschluß installiert, an das RHRK gemeldet werden. Eine solche Meldung unterbleibt jedoch leider in den meisten Fällen.

Fall 2

Wenn die MAC-Adresse der ersten Netzkarte nicht gefunden werden kann - sei es nun wegen unvollständiger Datensätze oder weil die Karte, so wie in diesem Fall, nie offiziell registriert wurde - müssen intensivere Nachforschungen betrieben werden. Zunächst wird dafür gesorgt, daß die bekannte Netzkarte 2 keine Datenpakete mehr mit der betreffenden IP-Adresse empfangen und versenden kann. Dazu wird der Rechner entweder eine Zeit lang stillgelegt oder bekommt eine neue IP-Adresse zugeteilt. Dann kann mit dem PC-Programm LAN-Watch durch entsprechende Filterkriterien nach Datenpaketen gesucht werden, die weiterhin diese Adresse enthalten. Beim Auswerten des Inhalts solcher Pakete stößt man dann hoffentlich auf Informationen, die Rückschlüsse auf den Benutzer des Rechners ziehen lassen, wie z.B. eine login-ID beim Verbindungsaufbau oder eine Mailadresse. Wenn die Person identifiziert ist, kann sie nach dem zur betreffenden Zeit benutzten Netzzugang befragt werden.

Fall 3

Da dic fälschlicherweise von Karte 1 verwendete IP-Adresse schon illegal von Karte 2 verwendet wird - also überhaupt nicht offiziell vergeben wurde - kann auch kein passender IP-Name vom DNS angefordert werden. Somit erscheint in der Fehlermeldung statt dem Namen die IP-Adresse. Die legale Karte 1 kann anhand ihrer MAC-Adresse identifiziert und auf die richtige IP-Adresse umgestellt werden. Karte 2 muß wiederum über die LAN-Watch abgepaßt werden. Damit ist dieser Fall mit vertauschten Karten 1 und 2 gerade symmetrisch zu Fall 2, bei dem die illegale Karte 1 aufwendig ermittelt werden mußte und Karte 2 in der Net- Infas-Datenbank stand.

Fall 4

Analog zu Fall 3 wird hier in der Fehlermeldung auch die IP-Adresse verwendet. Die Identifikation der Karten wird dadurch erschwert, daß sie beide illegal und somit nicht registriert sind. Dadurch werden in der LAN-Watch eventuell die Datenpakete beider Hosts vermischt.

Fall 5

Normalerweise sollte es in dieser Situation kein Problem sein, anhand der MAC-Adresse der legalen Karte 1 in der NetInfas-Datenbank den entsprechenden Host zu identifizieren. Da aber die von der Karte 1 fälschlicherweise benutzte IP-Adresse momentan von keinem anderen Host verwendet wird, kann auch keine Kollision auftreten. Somit wird NetView auch keine Fehlermeldung bringen, anhand deren die benötigte MAC-Adresse festgestellt werden könnte. Die Suche nach Hosts, die eine gar nicht vergebene IP-Adresse benutzen, muß deshalb von einer anderen Richtung aus angegangen werden.

NetView speichert zu jeder erkannten IP-Adresse - legal oder nicht - alle verfügbaren Informationen in seinen Datenbanken. Dazu gehört unter anderem auch der IP-Name, den es sich durch eine Anfrage beim Domain Name Server besorgt. Da hier die fragliche IP-Adresse aber nie offiziell vergeben wurde, kann im DNS auch kein IP-Name zugeordnet sein. In einem solchen Fall verwendet NetView in allen Anzeigen, Meldungen etc. statt des IP-Namens immer die IP-Adresse. Man muß jetzt also nur noch an geeigneten Stellen im Programm nach dem Erscheinen von IP-Adressen suchen, an denen eigentlich der IP-Name stehen sollte.

Der offensichtlichste Punkt, an dem auf einen Blick viele Namen verwendet werden, ist die Segment Map. Hier steht unter jedem Hosticon ein Label mit der jeweiligen Bezeichnung. Weil aber die ca. 3000 Knoten des LANs auf über 100 Subnetze mit eigener Map verteilt sind, ist es unzumutbar, auf diese Weise nach einigen wenigen Rechnern zu suchen.

Bedeutend einfacher kann man sich die Einträge der Datenbanken mit dem bereits auf Seite 54 beschriebenen Kommando `ovtopodump` anschauen. Es liefert in Verbindung mit dem richtigen Kommandozeilenparameter für jeden erfaßten Host in einer einzigen Zeile unter anderem den IP-Namen und die IP-Adresse. Man muß jetzt nur noch mit entsprechenden Filtern gerade die Zeilen herauszusuchen, die zwei Mal die gleiche IP-Adresse enthalten. Das sind genau die Einträge von denjenigen Hosts, die eine IP-Adresse ohne zugeordneten IP-Namen verwenden. Die nötigen Befehle, um sich eine solche Übersicht erstellen zu lassen, sind in dem shellscript `ohne_IP-Namen` zusammengefaßt, das im Anhang auf Seite 88 steht.

Mit den ebenfalls in den Datenbankauszügen angegebenen MAC-Adressen kann man dann in der NetInfas-Datenbank nach den korrekten Daten des Rechners suchen.

Fall 6

Beim Überprüfen aller durch das shellscript gelieferten Adressen, stößt man auch auf solche, die nicht in der NetInfas-Datenbank eingetragen sind. In diesem Fall ist davon auszugehen, daß der Host illegal an das Netz angeschlossen wurde. Das Auffinden des Benutzers kann dann nur durch das bekannte Verfahren mit dem LAN Watch-Programm erfolgen.

An dieser Stelle sei noch einmal darauf hingewiesen, daß die NetInfas-Einträge in Bezug auf die MAC-Adressen leider sehr unvollständig sind. In Zahlen ausgedrückt bedeutet das, daß unter allen Einträgen nur knapp die Hälfte mit einer MAC-Adresse versehen ist. Bei den, in Hinblick auf geänderte Konfigurationsdateien, besonders kritischen PCs sind es sogar nur 40%. Deshalb wird oft ein illegaler Netzanschluß vermutet, nur weil die entsprechenden Daten mangels Kriterium nicht gefunden werden können!

3.2.2 Beispiele für das Vorgehen bei der Fehlersuche

Hier soll an je einem Beispiel kurz beschrieben werden, wie das praktische Vorgehen bei der Suche nach falsch konfigurierten Netzkarten aussieht. Denn leider meldet NetView weder den eigentlichen Rechner, der den Fehler verursacht, noch seinen genauen Standort. Es bleibt somit dem Netzmanager überlassen, anhand der gemeldeten Daten die notwendigen Nachforschungen durchzuführen.

direkte Fehlermeldung von NetView

NetView meldet einen Zuordnungsfehler:

```
fbkpc24.mw.uni-kl.de      N      Link Address For 131.246.13.34 Changed to
                                 0x0000C0DC5C2F

fbkpc24.mw.uni-kl.de      N      Minnetonka reports a different Link Address
                                 than it reported before
```

Anhand der angegebenen MAC-Adresse wird in der NetInfas-Datenbank nach dem zugehörigen Host gesucht:

```
root@netaix[/] grep 5C:2F host_info_liste.adr
131.246.13.34    fbkpc24    mw      00:00:C0:DC:5C:2F Mw    Bau 65 314    PC
```

Gefunden wurden also die Daten des Hosts, der die IP-Adresse zu recht verwendet[35]. Sobald die MAC-Adresse des zweiten Rechners, der die gleiche IP-Adresse verwendet, in einer ARP -Tabelle auftaucht, erhält man von NetView folgende Fehlermeldung:

```
fbkpc24.mw.uni-kl.de      N      Link Address For 131.246.13.34 Changed to
                                 0x0000C0100127

fbkpc24.mw.uni-kl.de      N      Minnetonka reports a different Link Address
                                 than it reported before
```

Da die jetzige MAC-Adresse von der richtigen des gemeldeten Hosts abweicht (vgl. obiges Ergebnis des grep-Befehls), handelt es sich dabei um die des falsch konfigurierten Rechners:

```
root@netaix[/] grep 01:27 host_info_liste.adr
131.246.13.35    fbkpc22    mw      00:00:C0:10:01:27 Mw    Bau 65 308    PC
```

Wie man sieht, steht der fehlerverursachende Rechner im gleichen Stockwerk, wie der erste gemeldete Host. Es ist also davon auszugehen, daß der PC-Benutzer irgendwelche Softwarepakete oder Konfigurationsdateien von seinem Arbeitskollegen kopiert hat und somit dessen IP-Adresse verwendet (vgl. die genannten Gründe für die Falschkonfiguration auf Seite 67).

Selbst generierte Fehlerliste

Mit dem bereits weiter oben beschriebenen shellscript `ohne_IP-Namen` kann man sich eine Liste der Hosts ausgeben lassen, die eine IP-Adresse ohne zugeordneten IP-Namen verwenden:

---

[35] Gemeldete MAC-Adresse entspricht der MAC-Adresse des Hosts mit dem gemeldeten IP-Namen.

```
root@netaix[/] ohne_IP-Namen
1021/1020    131.246.12.254      Up      131.246.12.254   0x00001B3E106B
1763/1762    131.246.13.201      Down    131.246.13.201   0x0002676C4CE2
   < ... Liste gekürzt ... >
2080/2079    131.246.13.99       Down    131.246.13.99    0x0002676C2884
```

Anhand der Einträge in der NetInfas-Datenbank wird dann nachgeschaut, welche IP-Adresse ursprünglich für die in der ersten Zeile gemeldeten MAC-Adresse vergeben wurde:

```
root@netaix[/] grep 10:6B host_info_liste.adr
131.246.12.154   acp6   chemie   00:00:1B:3E:10:6B Chem   Bau 52 222   PC
```

Hier wurde anscheinend nur ein Tippfehler beim Konfigurieren der Netzsoftware begangen.

```
root@netaix[/] grep  4C:E2 host_info_liste.adr
   < leere Ausgabe, da nichts gefunden wurde >
```

In diesem zweiten Fall ist die MAC-Adresse nicht registriert, es ist also - mit der Einschränkung einer lückenhaften NetInfas-Datenbank - von einem illegalen Netzanschluß auszugehen.

Die von dem shellscript generierte Liste enthält allerdings auch solche Hosts, die nur kurzzeitig zu Testzwecken (z.B. Ethernet-Probes) in das Netzwerk eingebunden wurden. Für solche Geräte wird üblicherweise kein IP-Name im DNS eingetragen, wohl aber sind die Daten samt MAC-Adresse in der NetInfas-Datenbank gespeichert. Da NetView aber nach einer gewissen Zeit alle Knoten, die sich nicht mehr melden, aus den eigenen Datenbanken löscht, werden auch wieder abgebaute Testgeräte dann nicht mehr aufgelistet.

3.2.3   Gründe für die falschen Konfigurationen

Bei den praktischen Untersuchungen zu dieser Arbeit wurde etwa ein halbes Dutzend Fehlermeldungen genauer verifiziert. Dazu wurde vor Ort geprüft, ob sich die vermutete Fehlersituation auch so darstellt, wie sie anhand der, durch das Netzwerkmanagementsystem in Erfahrung zu bringenden Informationen, rekonstruiert wurde. Bei dieser Gelegenheit wurden die richtigen Werte in den Konfigurationsdateien eingetragen und die verantwortlichen Personen gefragt, wie es zu der Verwechslung gekommen ist und ob keine Beeinträchtigungen des Netzbetriebs bemerkt worden sind. Hier seien ein paar, als nicht repräsentativ zu betrachtende Antworten aufgeführt:

- **Der Netzteilnehmer, der genau weiß, was er tut:** Es sollte auf einem neuen PC Linux eingerichtet werden. Um sich die Mühe einer Disketteninstallation zu sparen, wurde einfach die Festplatte eines anderen Rechners komplett überspielt. Anschließend hat man direkt nach dem ersten Starten des Systems die richtigen Werte in den Konfigurationsdateien eingetragen. Tatsächlich ist in diesem Fall die Fehlermeldung von NetView nur zweimal angezeigt worden, nämlich beim ersten Booten des neuen Computers und dann noch mal, als der alte Rechner wieder in Betrieb genommen wurde. Unglücklicherweise wurde genau zu diesem Zeitpunkt nach Beispielen für IP-Fehlermeldungen gesucht und umgehend beim Betreiber der PCs nachgefragt.

- **Der Netzteilnehmer, der sich keine Gedanken über sein Handeln macht:** Als aus verschiedenen Gründen Teile der Software auf dem einen Rechner neu installiert werden mußte, hat man den Kollegen um Rat gefragt, der die fehlenden Dateien samt verwendeter IP-Adresse von seinem PC kopiert hat.

- **Der Netzteilnehmer, der praktisch sämtliche Vorschriften mißachtet:** In einem Fall wurde in der fraglichen Arbeitsgruppe nach folgendem Schema verfahren: Der Chef bekommt einen neuen Computer als Ersatz für den alten geliefert. Da er aber aus Gewohnheit seine gesamte alte Software weiter verwendet, ist die neu zugewiesene IP-Adresse wirkungslos. Zusätzlich wird der alte PC an den nächstniedrigeren Mitarbeiter ohne eigenen Rechner abgegeben, ohne den neuen Standort irgendwo zu vermerken. Da in der Zwischenzeit ein anderer, vorhandener Computer dringend an das Netz angeschlossen werden muß, baut man einfach die Netzkarte um und bestellt für den lahmgelegten Rechner eine neue. Das Ergebnis ist dann:

  - Neuer PC mit neuer Netzkarte und alter IP-Adresse ausgerüstet

  - Neue IP-Adresse nicht verwendet, bzw. an anderen Kollegen 'weitergegeben'

  - Alte Netzkarte mit erfundener IP-Adresse in fremden PC eingebaut

  - Neu gekaufte Netzkarte nachträglich wieder in alten PC eingebaut und mit alter IP-Adresse betrieben

  - Keine der Veränderungen - insbesondere die MAC-Adresse der neu gekauften Netzkarte - intern vermerkt, geschweige denn die neuen Standorte an das RHRK gemeldet

- **Der Netzteilnehmer, der nicht einmal offensichtliche Probleme beachtet:** Auf zwei, für jeden Mitarbeiter der AG frei zugänglichen PCs wurde nur dann die Netzsoftware geladen, wenn man sie für den Filetransfer mittels FTP benötigte. Das wurde durch eine DOS-Batchdatei erledigt, die man manuell von der Kommandozeile aus mit dem Rechnernamen als Parameter aufruft. Statt einer IP-Adresse wurde also der IP-Name angegeben, allerdings nicht immer der, der dem Rechner auch wirklich zugeordnet war. Immer wenn beide PCs gleichzeitig mit dem selben Namen Daten übertragen sollten, war ein Absturz der Netzsoftware die Folge. Mit diesem, anscheinend nicht weiter störenden Umstand, wurde dort über Monate hinweg gearbeitet, ohne sich um die Ursache zu kümmern.

3.2.4 Sonstige SNMP-Fehlermeldungen bzgl. IP-Adressen

Außer der oben beschriebenen Fehlermeldung `Link Address For <IP-Address> Changed to <MAC-Address>`, die sich auf tatsächliche Mehrfachbelegung einer IP-Adresse bezieht, gibt es noch eine weitere:

`<Host1> reported different Link Address than obtained from <Host2> by SNMP`

Diese bezieht sich zwar auch auf Zuordnungsfehler zwischen zwischen IP- und MAC-Adressen, erscheint aber im LAN aus anderen Gründen, die nichts mit tatsächlichen Konfigurationsfehlern zu haben und im folgenden dargestellt werden:

Ring bit swapping

Bei der Speicherung von MAC-Adressen in der ARP-Tabelle eines Hosts mit FDDI- oder Token Ring-Interface weichen manche Hersteller von dem gewohnten Schema, wie es u.a. auch für Ethernet verwendet wird, ab. Dieses abweichende Verfahren wird als *ring bit swapped mode* bezeichnet und besagt, daß in der binären Darstellung der MAC-Adresse jedes Adreßbyte spiegelbildlich dargestellt wird. Dies sei am Beispiel des Rechners ymp verdeutlicht. Dessen MAC-Adresse wird von verschiedenen Hosts in den Formen 0040A600EF20 und 00026500F704 gemeldet. Man erkennt, daß folgende Änderungen der ersten (richtigen) Darstellung durchgeführt werden:

```
Hex: 00  ->  00      binär: 0000.0000  ->  0000.0000

Hex: 40  ->  02      binär: 0100.0000  ->  0000.0010

Hex: A6  ->  65      binär: 1010.0110  ->  0110.0101

Hex: 00  ->  00      binär: 0000.0000  ->  0000.0000

Hex: EF  ->  F7      binär: 1110.1111  ->  1111.0111

Hex: 20  ->  04      binär: 0010.0000  ->  0000.0100
```

Wenn jetzt die Netzwerkmanagementstation nacheinander die ARP-Tabellen von zwei unterschiedlich speichernden Maschinen über SNMP ausliest, so stößt sie zwangsläufig auf zwei verschiedene MAC-Adressen für die gleiche IP-Adresse und gibt eine Fehlermeldung aus.

Aus dieser Fehlersituation entstehen auch ständig neue Folgefehler, da bei Abfrage der verschiedenen SNMP-Hosts abwechselnd immer andere Adressen erkannt und als aktueller Wert in die Datenbanken eingetragen werden. Somit erhält man fortlaufend Fehlermeldungen dar Art:

```
sc900.rhrk.uni-kl.de N  mem.chemie.uni-kl.de reports a different Link
                        Address for this node than it reported before
sc900.rhrk.uni-kl.de N  aix7.rhrk.uni-kl.de reports a different Link
                        Address for this node than it reported before
sc900.rhrk.uni-kl.de N  mem.chemie.uni-kl.de reports a different Link
                        Address for this node than it reported before
sc900.rhrk.uni-kl.de N  aix7.rhrk.uni-kl.de reports a different Link
                        Address for this node than it reported before
.. und so weiter ..
```

Diese Art Fehlermeldung läßt sich einfach dadurch unterdrücken, daß man mittels *SMIT (System Management Interface Tool)* einen Parameter des netmon-Daemons so einstellt, daß die erkannten Fehler, die diesem Schema entsprechen, ignoriert werden (vgl. Anhang auf Seite 90). Dadurch werden alle Adreßänderungen, die sich durch einfaches Bitspiegeln korrigieren lassen, nicht mehr gemeldet. Das betrifft dann allerdings auch den (äußerst unwahrscheinlichen!) Fall, daß tatsächlich zwei Karten in dem überwachten Netzwerk mit eben solchen MAC-Adressen und einer identischen IP-Adresse betrieben werden.

Fehlerverhalten von NetView

Ein weiterer Grund, warum diese Fehlermeldung auch nach Abschalten des bit swapping noch gehäuft auftrat, liegt an einem wahrscheinlichen Fehler des Programms selbst.

In einem großem Netzwerk wie dem der Universität Kaiserslautern kommt es immer wieder vor, daß an verschiedenen Hosts die Konfiguration oder Bestückung mit Netzkarten geändert wird. In einem solchen Fall bemerkt NetView beim Auswerten der SNMP-Abfragen von ARP- und Interfacetabellen den Unterschied zwischen gemeldeten Daten und den

Werten in seinen Datenbanken. Daraufhin gibt es eine entsprechende Fehlermeldung aus und sollte die neu erkannten Werte abspeichern. In mindestens einem Fall aber wurden die Änderungen nicht vermerkt, so daß jedes Mal, wenn die neuen MAC-Adressen der betroffenen Rechner aus einer ARP-Tabelle ausgelesen und mit den alten Daten verglichen wurden, ein weiterer Zuordnungsfehler 'entdeckt' und gemeldet wurde.

Bei diesen Netzkarten handelte es um FDDI-Karten, die für alte Ethernetkarten eingesetzt wurden. Dazu wurde ein Teil des weiterhin mit der gleichen Subnetzadresse betriebenen Subnetzes durch eine Bridge abgetrennt, die die Signalumsetzung von Ethernet auf FDDI durchführt. NetView legte für das so entstandene zweite Segment ein neues Segmenticon in Subnet Map an und ordnete alle Knoten, die auf FDDI umgerüstet wurden, dort ein. In den Datenbanken vermerkte es auch den Wechsel von Ethernet auf FDDI in dem Datenfeld, das das Übertragungsverfahren beschreibt. Allerdings ist ein Ändern der eingetragenen MAC-Adresse für sämtliche Rechner unterblieben.

Nachdem die NetView die neuen Netzkarten erkannt hat, erzeugte es ständig Fehlermeldungen der Art:

```
keong.e-technik.uni-kl.de N   bizaka.e-technik.uni-kl.de reported different
                              Link Address than obtained from
                              keong.e-technik.uni-kl.de by SNMP
keong.e-technik.uni-kl.de N   snail.e-technik.uni-kl.de reported different
                              Link Address than obtained from
                              keong.e-technik.uni-kl.de by SNMP
keong.e-technik.uni-kl.de N   slak.e-technik.uni-kl.de reported different
                              Link Address than obtained from
                              keong.e-technik.uni-kl.de by SNMP
keong.e-technik.uni-kl.de N   sambuka.e-technik.uni-kl.de reported
                              different Link Address than obtained from
                              keong.e-technik.uni-kl.de by SNMP
```

Diese bezogen sich nicht nur auf den Rechner keong sondern alle rund zwei Dutzend mit neuer Netzkarte ausgerüstete Hosts, die sich gegenseitig als mit neuer MAC-Adresse erkannt meldeten. Ein Blick in die Datenbanken zeigt, daß zwar FDDI vermerkt ist, aber noch die alten MAC-Adresse des Ethernetanschlusses eingetragen ist. Dazu muß man erst die Nummer des abzufragenden Datensatzes ermitteln:

```
root@netaix[/] ovtopodump -L | grep keong
1199/1198    keong.e-technik.uni-kl.de   Up   131.246.73.52   0x08000978634B
```

Danach läßt man sich die Einträge des gesuchten Datensatzes ausgeben:

```
root@netaix[/] ovobjprint -o 1198
OBJECT: 1198
```

FIELD ID	FIELD NAME	FIELD VALUE
10	Selection Name	"keong.e-technik. uni-kl.de:seah0"
14	OVW Maps Exists	1
15	OVW Maps Managed	1
24	SNMP ifType	FDDI(15)
25	SNMP ifPhysAddr	"0x08000978634B"
26	SNMP ifDescr	"seah0 Interphase 4811 E/FDDI Seahawk"
30	IP Address	"131.246.73.52"

```
31          IP Subnet Mask          "255.255.255.0"

32          IP Status               Normal(2)

72          isCard                  TRUE

73          isInterface             TRUE

81          isIP                    TRUE

87          TopM Network ID         249

88          TopM Segment ID         1696

89          TopM Node ID            1199

107         XXMAP Protocol List     "IP"

108         XXMAP SAPs Used List    0

1010        default IP Symbol List  3619
```

Zum Beweis, daß es sich bei dem Datenbankeintrag auch wirklich um eine ehemals verwendete MAC-Adresse handelt, sei noch der zugehörige Eintrag der NetInfas-Datenbank gezeigt. Hier ist noch die alte Ethernetkarte vermerkt, da der Fachbereich Elektrotechnik bisher die eigenständig durchgeführten Umbaumaßnahmen nicht an das RHRK gemeldet hat:

```
root@netaix[/] grep keong host_info_liste.adr

131.246.73.52  keong  e-technik  08:00:09:78:63:4B  ET  Bau 12 276  HP9000
```

Direktes Auslesen des Hosts mit einem SNMP-fähigen Hilfsprogramm des NetView-Pakets zeigt, daß tatsächlich bereits eine Netzkarte mit anderer MAC-Adresse eingebaut worden ist:

```
root@netaix[/] rnetstat -A snail.e-technik | grep keong

keong.e-technik.uni-kl.de   0x00007784864A   lan0
```

Daß dies eine FDDI-Karte ist, läßt sich durch Abfragen seiner Interfaces zeigen:

```
root@netaix[/] rnetstat -i keong.e-technik

Interface  Type      MTU   Status  InPackets  InErrors  OutPackets  OutErrors

ni0        other     0     down    0          0         0           0

ni1        other     0     down    0          0         0           0

lo0        loopback  4608  up      11166922   0         11166922    0

seah0      fddi      4352  up      12089750   0         7203432     3
```

Eine einfache Möglichkeit, die richtigen MAC-Adressen in den Datenbanken eintragen zu lassen und damit die Fehlermeldungen zu unterbinden, besteht darin, die betreffenden Knoten neu entdecken zu lassen. Dazu werden sie über den Menüpunkt Edit..Delete Objekt..From All Submaps komplett gelöscht und anschließend durch automatisches oder manuelles Pollen auf einen SNMP-fähigen Host im gleichen Subnetz mit den richtigen Werte erkannt und abgespeichert.

fehlerhafter SNMP-Agent

NetView bezieht - wie bereits mehrfach erwähnt - fast alle Information aus SNMP-Abfragen und -Meldungen. D.h. es ist darauf angewiesen, daß die Daten, die es erhält, auch den tatsächlichen Gegebenheiten entsprechen. Einige installierte SNMP-Agenten im Netzwerk der Universität Kaiserslautern arbeiten aber offensichtlich nicht ganz korrekt. Zu den betreffenden Knoten erhält man von NetView im regelmäßigen Rhythmus des Pollings auf Konfigurationsänderungen eine Fehlermeldung bzgl. geänderter MAC-Adresse:

```
BeistRW.e-technik.uni-kl.de N cisco12.rhrk.uni-kl.de reported different
                            Link Address than obtained from
                            BeistRW.e-technik.uni-kl.de by SNMP
```

Das liegt in diesem Fällen daran, daß der Agent die MAC-Adresse nicht richtig in die SNMP-Meldung einträgt und NetView nur verstümmelte Informationen erhält. Sobald es diese Werte in seinen Datenbanken vermerkt hat und sie später mit den (korrekten) Ergebnissen aus der ARP-Tabelle eines anderen Rechners im gleichen Subnetz vergleicht, wird es einen Unterschied feststellen. Dieses Ergebnis kann nachvollzogen werden, indem man die Interfacedaten des gemeldeten Rechners manuell ausliest:

```
root@netaix[/] rnetstat -I BeistRW.e-technik

Interface  IP address      Network Mask     Network Address   Link Address
           131.246.77.110  255.255.255.0    131.246.77.0      0x00
```

Daß in den Datenbanken tatsächlich die falsch übermittelten Werte stehen ist ebenfalls leicht nachzuprüfen:

```
root@netaix[/] ovtopodump -L | grep BeistRW

24059/24058   BeistRW.e-technik.uni-kl.de Up        131.246.77.110  0x00
```

Ein weiteres Beispiel für einen nicht richtig arbeitenden SNMP-Agenten betrifft einen Rechner aus dem Fachbereich Informatik:

```
root@netaix[/] rnetstat -I kerry.informatik

Interface  IP address      Network Mask     Network Address  Link Address
lo0        127.0.0.1       255.0.0.0        127.0.0.0        <none>
seah0      131.246.129.13  255.255.255.0    131.246.129.0    <none>
```

Insgesamt sind zur Zeit etwa ein Dutzend Hosts bekannt, die ständig falsche Informationen liefern und damit auf der Netzwerkmanagementstation Fehlalarme auslösen.

fehlende Trapdefinition in NetView

Bei den Untersuchungen wurde ein von IBM zwischenzeitlich bestätigter Fehler im Programmcode und der gedruckten Dokumentation gefunden. Es handelt sich dabei um 3 Traps, die in der online-Dokumentation vermerkt und kurz beschrieben sind, für die aber keine weitergehende Informationen gefunden werden konnten. Außerdem sind sie auch nicht in der verwendbaren Liste der Traps im event editor enthalten und tauchen auch niemals in den automatisch gelieferten Zustands- und Fehlermeldungen im event desk auf. Die fehlenden 3 Traps beschäftigen sich ebenfalls mit der Zuordnung von IP-Adressen zu MAC-Adressen. Es bleibt somit abzuwarten, ob sie in einem späteren Update der Software enthalten sind und welche weitergehenden Möglichkeiten bzgl. der Fehlerspezifikation sie bieten. Hier seien nur kurz die bisher bekannten Beschreibungen wiedergegeben:

```
58982397 Incorrect LLA (link level address) found in ARP cache
58982398 Incorrect LLA found on a node by SNMP
58982399 LLA changed by the same node
```

3.3 Integration von RMON

NetView bietet 3 verschiedene Tools an, mit denen man über RMON-Abfragen Zugriff auf MIB-Variablen hat. Die jeweilige Funktionsweise ist auf Grund der unterschiedlichen Einsatzgebiete teilweise stark abweichend. Hier sei ergänzend zur Kurzbeschreibung im Kapitel über die Leistungsfähigkeit von NetView auf Seite 60 eine ausführlichere Aufstellung der einzelnen Möglichkeiten gegeben. Zusätzlich werden die besonders auffälligen Unterschiede in einer Tabelle zusammengefaßt.

3.3.1 MIB Browser

Der MIB Browser ermöglicht es, für einen SNMP-fähigen Host einzelne Elemente des MIB-Baumes auszuwählen. Dabei wird die Struktur nicht baumartig sondern flach dargestellt, d.h. man sieht nur die Auswahlmöglichkeiten der jeweiligen Ebene. Erst nach Doppelklick auf einen Zweig erscheinen dessen Objekte. Dabei verschwinden die Zweige der eben verlassenen Stufe wieder. Wenn man also von einem Blatt (Endknoten) in der MIB-Struktur zu einem anderen wechseln möchte, das in einem anderen Teilbaum liegt, muß man soweit in der Hierarchie nach oben zurückgehen, bis man einen gemeinsamen Vorfahren der beiden Blätter erreicht. Im schlimmsten Fall bedeutet das bis zu 20 Doppelklicks für den Wechsel von einem MIB-Eintrag zum anderen. Alternativ könnte man auch den kompletten Pfad des auszuwählenden MIB-Objekts von Hand eingeben.

Wünschenswert wäre eine komplette Baumdarstellung der MIB-Struktur mit ein- und ausblendbaren Zweigen. Ebenso vermißt man eine Suchfunktion die zu einem angegebenen Blatt oder Knoten springt, von dem nur ein Teil des Namens oder Pfades bekannt ist. Das könnte so realisiert sein, daß das erste oder sogar alle Objekte, auf die das angegebene Namensfragment paßt, komplett mit ihrem Pfad angezeigt werden. Beispielsweise könnte man dann alle MIB-Einträge, in denen der Begriff 'Collision' vorkommt, anzeigen und sogar zusammen auslesen lassen. Damit hätte man sofort eine komplette Übersicht, aus der man auswählen könnte, ohne Gefahr zu laufen, voreilig ein zuerst angezeigtes Objekt zu selektieren, das nur anscheinend die gewünschten Informationen enthält.

Im MIB Application Builder und dem MIB Data Collector wird beim Selektieren eines Eintrages der Management Information Base analog zu der hier beschriebenen Vorgehensweise verfahren. Die gemachten Aussagen über die (unzulängliche) Art und Weise, wie in der MIB-Struktur manövriert werden kann, gelten somit auch für diese beiden Systemteile.

Hat man das gewünschte Element des MIB-Baumes erreicht, kann über einen Button die Abfrage der zugehörigen Werte gestartet werden. Dabei werden die Werte von allen Blättern, die in der Hierarchie unterhalb der momentanen Position liegen, in einer Liste angezeigt. Befindet man sich sowieso auf einem Blatt, ist das nur ein Wert bzw. die Werte der verschiedenen *Instanzen*[36] dieses Blatts. Bei einem Knoten im oberen Bereich der MIB-Hierarchie können dagegen einige hundert oder tausend Meßwerte angezeigt werden.

Die Abfragen beziehen sich immer auf den Host, den man vor dem Aufruf des MIB-Browsers in der Netmap selektiert hat. Ist kein Gerät ausgewählt, so muß der Name des abzufragenden Rechners von Hand in die Bildschirmmaske eingegeben werden. Als Community für die Abfrage wird der im Menüpunkt Options..SNMP Configuration für den

---

[36] Jedes Blatt enthält normalerweise nur einen Wert. In manchen Fällen (z.B. der MIB-Variablen für die MAC-Adresse eines Routers mit mehreren Netzkarten) können aber verschiedene Instanzen des gleichen Objekts für den abgefragten Host existieren.

jeweiligen Host angegebene String verwendet. Davon abweichende Werte können im MIB Browser speziell angegeben werden.

3.3.2   MIB Application Builder

Wenn man bestimmte MIB-Variablen häufiger und von verschiedenen Hosts auslesen will, ist die manuelle Abfrage mittels des MIB Browsers sehr lästig. Deshalb wurde mit dem MIB Application Builder eine Möglichkeit geschaffen, die sozusagen alle Einstellungen und Auswahlen abspeichert, die in der Bildschirmmaske des MIB Browsers gemacht werden müssen, bevor dort die eigentliche MIB-Abfrage gestartet wird. Die so definierten Abfragen werden an einer beliebigen Stelle als anwählbarer Menüpunkt in die Benutzeroberfläche von Net-View integriert.

Die benötigten Angaben, die man zur Generierung eines solchen Menüeintrags machen muß, sind im einzelnen:

* Bezeichnung des Menüpunkts und seine Position in der Menüleiste.

* Darzustellende MIB-Objekte.

* Art der Wertedarstellung (Liste, Tabelle, Graph) (für eine genaue Beschreibung und Bewertung der einzelnen Darstellungsarten siehe Seite 77).

* Im Falle eines fortlaufenden Graphen die zeitlichen Abstände der einzelnen Wertabfragen (Pollingintervall) und die Beschriftung der Achsen.

* Im Falle einer Tabelle die Beschriftung der Spalten.

* Objekteigenschaften, die der abzufragende Host erfüllen muß.

Die (optional) geforderten Eigenschaften stellen sicher, daß nur solche Abfragen auf die in der Netmap selektierten Hosts angewendet werden, die diese auch erfüllen können. Für Rechner, die die Bedingungen nicht erfüllen, bleibt der Menüeintrag schattiert, kann also nicht angewählt werden. Anderenfalls würde bei einem fälschlichen Aufruf einer nicht unterstützten Abfrage eine ganze Reihe von Fehlermeldungen ausgegeben, die besagen, daß die angeforderten MIB-Objekte nicht gefunden wurden und deshalb keine Werte zur Darstellung gesammelt werden konnten.

Als default-Wert für die Objekteigenschaften ist die unumgängliche Voraussetzung (`isSNMPSupported || isSNMPProxied`) eingesetzt. Sie besagt, daß der abzufragende Host SNMP unterstützen muß, da sonst gar keine MIBs definiert wären. Einige Dutzend weitere verwendbare Kriterien sind im *Administrators Reference Guide* aufgeführt.

Wenn trotz anscheinend korrekter Definition keine Werte angezeigt werden, können folgende Fehlersituationen vorliegen:

* Die notwendige MIB-Definition für die abzufragende Hardware ist nicht geladen (vgl. Seite 81).

* Das angesprochene MIB-Objekt ist in der Implementierung des SNMP-Agenten des selektierten Hosts nicht enthalten. Das kann durchaus vorkommen, da nicht alle Hersteller jede MIB komplett bereitstellen.

* Es wird eine falsche Community für die Abfrage verwendet. Diese kann unter `Options..SNMP Configuration` geändert werden.

	MIB Browser	MIB Application Builder	MIB Data Collector
Manuelles Auswählen der abzufragenden MIB-Variable zum Zeitpunkt der Wertermittlung möglich?	Ja, durch Anklicken muß die abzufragende Variable selektiert werden.	Nein, die abzufragende Variable ist in der Definition des Abfrageobjekts festgelegt.	Nein, die abzufragende Variable ist in der Definition des Abfrageobjekts festgelegt.
Wie wird die Abfrage der Variablenwerte gestartet?	In einer Bildschirmmaske wird ein MIB-Objekt ausgewählt und die Abfrage gestartet.	Die Abfragedefinition ist in das Menü der Benutzeroberfläche integriert und von dort aus aufrufbar.	In einer Bildschirmmaske muß ein vordefiniertes Abfrageobjekt aktiviert werden.
Wie erfolgt die Darstellung der erfaßten Meßwerte?	Per default werden die Werte in eine Liste eingetragen. Einzelne Variablen können auch graphisch verfolgt werden.	Wird in der Definition des Abfrageobjekt festgelegt (Liste, Tabelle, Graph).	Per default werden die Werte in einer Datei gespeichert. Sie können auch in einer Liste oder als Graph dargestellt werden.
Wie erfolgt die Auswahl des abzufragenden Hosts?	Er muß zuvor in der Map selektiert oder nachträglich in der Bildschirmmaske eingetragen werden.	Er muß zuvor in der Map selektiert oder nachträglich in der Bildschirmmaske eingetragen werden.	Er wird in der Definition des Abfrageobjekts festgelegt.
Können Grenzwerte definiert werden, die bestimmte Ereignisse auslösen?	Nein.	Nein.	Ja.
Können die erfaßten Werte abgespeichert werden?	Alle gesammelten Werte können in einer frei bestimmbaren Datei abgespeichert werden.	Alle gesammelten Werte können in einer frei bestimmbaren Datei abgespeichert werden.	Die Werte werden automatisch in einer nicht frei bestimmbaren Datei abgespeichert .
Läuft die Meßwerterfassung auch bei geschlossener Benutzeroberfläche weiter?	Nein.	Nein.	Ja.
Können Werte auch in eine MIB hineingeschrieben werden?	Ja.	Nein.	Nein.
Wie kann ein Polling Intervall festgelegt werden?	Nur für eine einzige graphisch verfolgte Variable.	Für alle Variablen in der Abfragedefinition und alle Knoten, auf die sie angewendet wird mit dem gleichen Intervall.	Für alle Knoten in der Abfrage gleich, aber jeder MIB-Variablen kann ein eigenes Abfrageobjekt zugeordnet werden.

Tabelle 3: Vergleich der drei RMON-Tools

3.3.3 MIB Data Collector

Der MIB Data Collector dient hauptsächlich zur regelmäßigen, automatischen Sammlung und Überwachung von MIB-Werten im Hintergrund, auch bei geschlossener Benutzeroberfläche. Dazu kann man jeder MIB-Variablen eine Liste von Hosts oder Hostgruppen zuordnen, von denen die jeweiligen Werte dieser Variablen ausgelesen werden. Im Gegensatz zu den beiden ersten vorgestellten Tools, die immer auf die gerade in der Netmap markierten Rechner angewendet werden, müssen hier also schon bei der Definition der Abfrage die betreffenden Hosts bekannt sein und mit angegeben werden. Zu jedem Hostnamen dieser Liste, der auch mittels Wildcards erweiterbar ist, können eine Reihe von Eigenschaften festgelegt werden. Im einzelnen sind das:

- Collection Mode: legt fest, ob die erfaßten Meßwerte auch auf Überschreiten bestimmter Grenzwerte geprüft und/oder abgespeichert werden sollen.

- Polling Intervall: bestimmt die Häufigkeit, mit der die Variablen ausgelesen werden.

- Threshold: oberer Grenzwert, bei dessen Erreichen ein entsprechender Trap ausgelöst wird.

- Rearm: unterer Grenzwert, der nach Auslösen eines Grenzwerttraps unterschritten werden muß, um den Normalzustand wieder herzustellen (Ähnlich der Hysterese bei einer Heizungssteuerung).

- Instances: bestimmt, wieviele Instanzen - falls vorhanden - von der Variablen erfaßt werden sollen.

- Trap Number: bezeichnet den Trap, der beim Überschreiten eines Grenzwerts zusammen mit einer Textmeldung abgeschickt wird. Der voreingestellte default-Wert ist normalerweise völlig ausreichend.

Ein so definiertes Abfrageobjekt kann dann auf seine Funktionsfähigkeit getestet, aktiviert, deaktiviert oder die dazugehörigen, d.h. bisher gesammelten Werte graphisch angezeigt werden. Eine einmal gestartete Abfrage läuft auch bei geschlossener Benutzeroberfläche im Hintergrund weiter, solange die notwendigen Daemons nicht angehalten werden. Dadurch können bei gesetzter Option 'Speichern' statt nur 'Grenzwerte überwachen' riesige Datenmengen auf der Festplatte anfallen. Sämtliche Werte werden dabei im Verzeichnis /usr/O-V/data- bases/snmpCollect in einer Datei mit dem jeweiligen Namen der abgefragten MIB-Variablen gespeichert. Allerdings ist keine Möglichkeit implementiert, Werte eines einzelnen MIB-Objekts, Zeitraums oder SNMP-Hosts wieder zu löschen. Es ist also Aufgabe des Netzmanagers, manuell auf Betriebssystemebene die erzeugten Files ganz zu löschen oder mittels Filterprogrammen bestimmte Einträge daraus zu entfernen. Das erfolgt üblicherweise regelmäßig per *cronjobs* und grep-Kommandos.

Die gesammelten Werte können über den Button 'Show Data' in Form einer Tabelle angeschaut und von dort aus auch als fortlaufender Graph dargestellt werden. Eine zweite Möglichkeit zur späteren, graphischen Aufbereitung führt über den Menüpunkt Tools..Graph Collected Data: SNMP. Wenn bei den beschriebenen Methoden keine Meßwerte angezeigt werden, können folgende Fehlermöglichkeiten vorliegen:

- Der Collection Mode des betroffenen Abfrageobjekts ist nicht auf 'store' eingestellt.

- Der Zustand der Abfrage ist 'Suspended', d.h. nicht gestartet.

- Nachdem man die Abfrage definiert oder mit 'Resume' gestartet hat, wurde vergessen durch 'OK' oder 'Apply' die Änderungen zu aktivieren.

- Es können keine Meßwerte aus den angegebenen Hosts ausgelesen werden, da die verwendete Community nicht stimmt oder die abgefragte Variable in den betreffenden MIB-Implementierungen gar nicht existiert.

- Seit dem Start der Abfrage ist der Intervallzeitraum noch kein erstes Mal durchlaufen worden. Die Werte werden nämlich erst am Ende jedes Zyklus erfaßt.

- Der abzufragende Host ist unmanaged gesetzt oder unterstützt kein SNMP.

- Der snmpCollect-Daemon wurde auf der NMS nicht gestartet oder ist in Folge mangelnder Festplattenkapazität abgestürzt.

- Die eingestellte Anzahl von Instanzen, die von dem Objekt erfaßt werden sollen, sind nicht alle implementiert.

Um schon vor dem späteren Aktivieren einer Abfrage überprüfen zu können, ob die Einstellungen zum Erfolg führen werden, wird der Button 'Test' zu Verfügung gestellt. Er löst eine einzelne Meßwertabfrage aus, deren Beantwortung durch Anzeigen des erfaßten Meßwertes bestätigt wird. Im Falle eines Scheiterns wird statt dessen eine Liste möglicher Gründe ausgegeben

3.3.4 Darstellung der gesammelten Werte

Unabhängig davon, welche der drei eben beschriebenen Möglichkeiten man nutzt, um Meßwerte zu erhalten, die Visualisierung geschieht immer auf die gleiche, primitive Art.

Liste

Systemvariablen, die Text enthalten oder wenige, nicht zusammenhängende und nicht fortlaufend zu überwachende Werte werden einfach in einer kurzen Liste untereinander aufgeführt.

Tabelle

Analog zur Liste werden hier die einzelnen Elemente nicht untereinander sondern nebeneinander aufgeführt. Statt dessen stehen in den Zeilen untereinander jeweils die Werte für verschiedene Instanzen. Alternativ kann man auch z.B. die Matrix-Einträge der RMON-MIB HostTopN auf diese Weise darstellen. D.h. es werden für jeweils einen Host die Kommunikationspartner mit dem meisten Netzverkehr in einer Zeile aufgelistet und alle Ausgangsrechner, die aufgeschlüsselt werden sollen, stehen untereinander.

Graph

Die einzige, sehr schlicht gehaltene graphische Darstellungsart erfolgt über eine fortlaufende Kurve, die bei Bedarf auch mehrfach für die einzelnen Abfrageobjekte angezeigt wird. Ihre Erscheinung läßt sich auf verschiedene Arten variieren. Neben nicht weiter relevanten Spielereien wie z.B. Farbe oder Dicke der Linien, Hintergrundraster und Achsenbeschriftung, gibt es auch einige sehr praktische Features:

Art der Wertinterpretation

Bei jedem Auslesen der Variablen wird der neue Wert mit dem alten verglichen. Die erkannte Differenz kann auf 3 verschiedene Arten interpretiert werden. Die eingefügten Abbildungen zeigen jeweils die gleichen Variablen in der gleichen Zeitspanne. Somit gewinnt man einen guten Eindruck davon, wie die verschiedenen Interpretationen die Darstellung beeinflussen:

rate of change (default): Quotient aus der Wertänderung der Variablen seit der letzten Abfrage und dem seither verstrichenen Zeitraum. Anders ausgedrückt, die Anzahl der Pakete pro Sekunde gemittelt über das Pollingintervall. Mit dieser Einstellung erhält man einen guten Eindruck von der momentanen Aktivität der überwachten Variablen. Ein weiterer Vorteil ist die relative Unabhängigkeit von der Länge des Intervalls. Da alle Wertänderungen der Meßdauer angepaßt werden, erhält man bei sekündlicher Abfrage bis auf Ausreißer und die etwas weniger kantigen Übergänge eine zur 10sekündlichen Erfassung ähnliche Kurve.

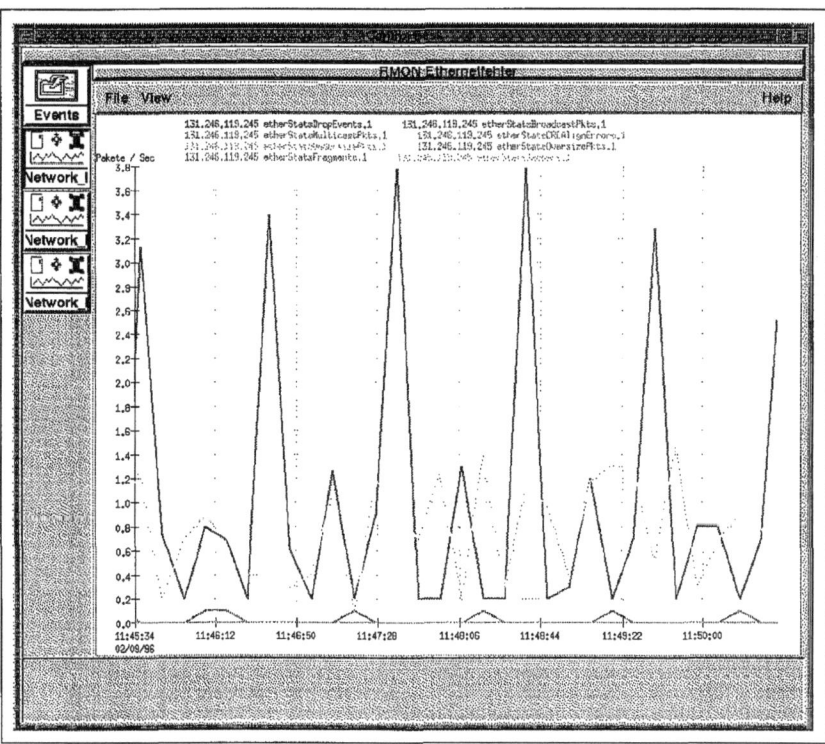

Abbildung 8: Wertdarstellung als 'rate of change'

delta value: Das entspricht obiger Einstellung mit dem Unterschied, daß hier die Werte nicht durch die Zeitdauer dividiert werden. Diese Darstellungsweise ist besonders bei solchen Variablen praktisch, deren Zähler nur sehr selten erhöht wird. Wenn z.B. nur alle 2 Minuten ein spezieller Ethernetfehler auftritt, macht es keinen Sinn, sich das alle Viertelstunde gemittelt als 0,0083 Pakete/Sec anzeigen zu lassen. Statt dessen wird erkannt und angezeigt, daß im letzten Abfrageintervall etwa ein halbes Dutzend Datenframes beschädigt waren.

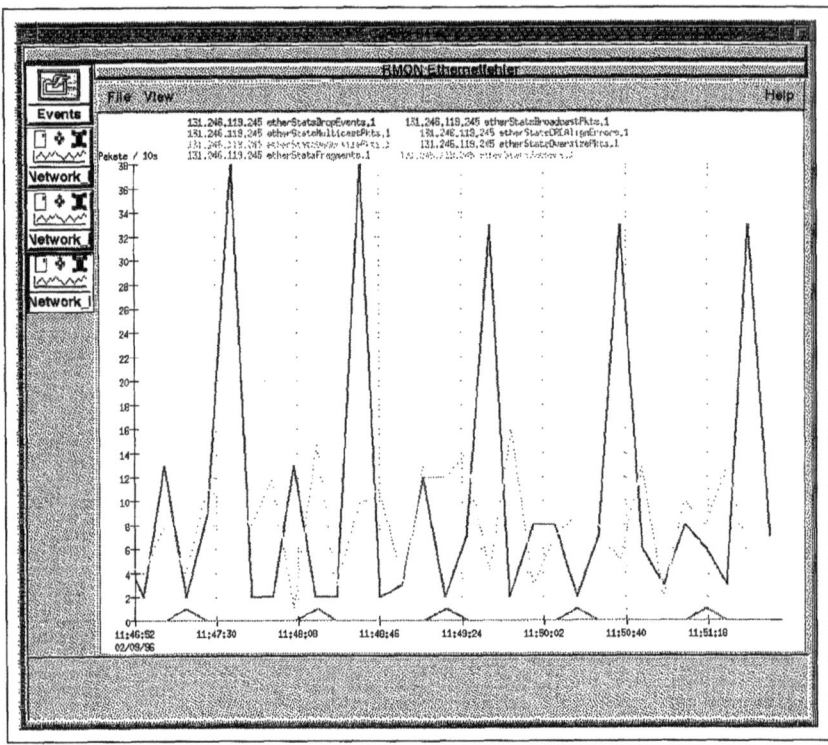

Abbildung 9: Wertdarstellung als 'delta value'

actual sampled value: Der tatsächliche Wert der Variablen, der bis zum Überlauf des Zählers in der RMON-MIB monoton steigend ist. Diese Art der Darstellung ist speziell in Verbindung mit mehreren parallel verfolgten Variablen oft unpraktisch, da z.b. der bisherige Netzverkehr auf verschiedenen Routerinterfaces um einige Größenordnungen voneinander verschieden sein kann. In einem solchen Fall ist der kleinste Graph meist nicht zu erkennen. Hier fehlt leider die Möglichkeit zur logarithmischen Einteilung der y-Achse. Außerdem verläuft der Graph bei zu häufigem Abfragen sehr flach, wenn zu einem bestehenden Wert von zig-Millionen Paketen immer nur einige tausend neu hinzukommen.

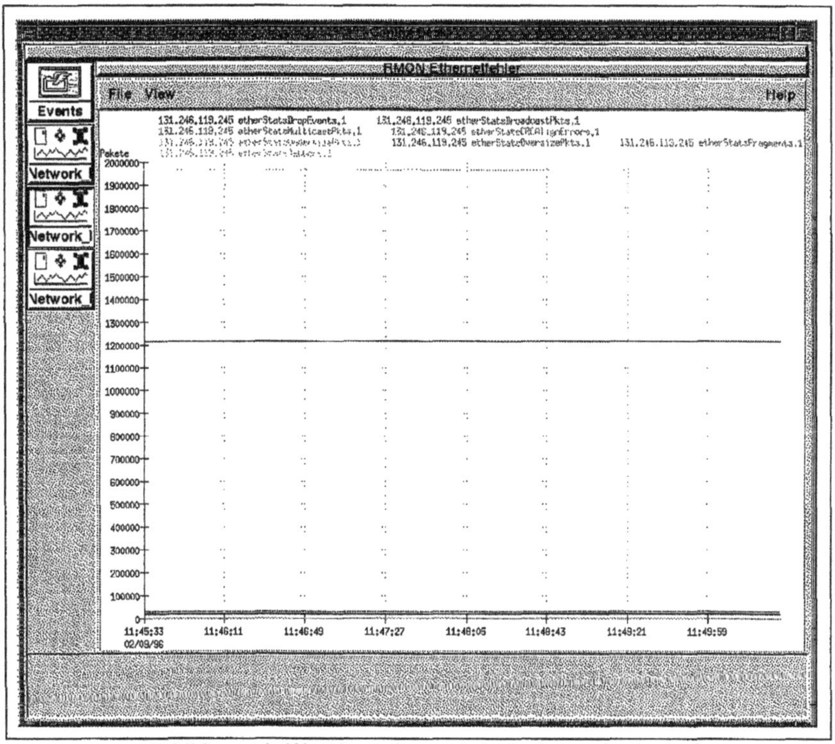

Abbildung 10: Wertdarstellung als 'actual sampled value'

Beim Umschalten von einer Darstellungsart in die andere geht der bisher gezeichnete Graph verloren, da bei jeder einzelnen Abfrage die Interpretation der Werte direkt ausgeführt wurde. Um jetzt die ganze Meßreihe neu zeichnen zu können, hätte man die rohen Daten aller Meßpunkte archivieren müssen, um daraus die gewünschten Quotienten zu berechnen. Dieses Archivieren ist aber nur über den MIB Data Collector möglich.

Statistik

Zeigt für alle erfaßten Variablen die Durchschnitts-, Maximal- und Minimalwerte an.

selektive Anzeige einzelner Variablen

Wenn mehrere Variablen parallel angezeigt werden, können die Linien für einzelnen Werte ausgeblendet werden. Das ist besonders dann praktisch, wenn ein einzelner Ausreißer die Skalierung der y-Achse so weit nach oben verschiebt, daß die anderen Werte kaum noch erkannt werden. Durch Ausblenden der betreffenden Kurve können sich die anderen Meßreihen wieder über das gesamte freie Spektrum verteilen.

Zooming, Skalierung, Scrolling

Mit diesen Techniken können die x- und y-Achse so verändert werden, daß mehr oder andere Informationen im Bildausschnitt zu sehen sind.

3.3.5 Enterprise-specific MIBs

Um mit den über SNMP gelieferten Werten aus den Management Information Bases umgehen zu können, muß NetView über eine Spezifikation der MIBs und ihrer Einträge verfügen. Diese Definitionen können über den Menüpunkt `Option..Load/Unload MIBs:` `SNMP` in das System eingebunden oder aus Gründen der Speicherkapazität und Übersichtlichkeit daraus entfernt werden. Per default sind die Objekte der MIBs I und II schon geladen, womit alle Standardfunktionen bis hin zu RMON aktiviert sind.

Zusätzlich stehen noch weitere, herstellerspezifische MIBs im Lieferumfang von NetView zur Verfügung, deren Definition in der MIB-Struktur im Ast `private` untergebracht sind. Von besonderem Interesse für diese Arbeit waren dabei die Datenbasen für die Hardware der Firmen Cisco, NAT, APPLE, HP und Wandel & Goltermann. Die darin enthaltenen Variablen beschreiben spezielle Eigenschaften der jeweiligen Geräte, die über den MIB-II-Standard hinausgehen. Andere Hersteller, die höherwertige, aber nicht als Marktstandard zu bezeichnende Komponenten vertreiben, bieten eigene 'Treiber' in Form von Netview-kompatiblen, *enterprise-specific MIBs* für ihre Geräte an.[37]

3.4 Eingriffsmöglichkeiten in die Protokollschichten

Zur Erfassung von Zustandsinformationen und steuernde Eingriffe in die einzelnen Schichten verfügt NetView über verschiedene Vorgehensweisen. Unabhängig von der einzelnen Ebene, muß es dabei aber immer mehr oder weniger stark von externen Agenten unterstützt werden.

Schnittstellenschicht

Auf der Schnittstellenschicht sind üblicherweise Hardwarefehler der Netzkomponenten und beispielsweise Ethernetkollisionen oder andere Meßwerte bzgl. der Signalqualität und Lastaspekten zu erfassen. Dazu muß in dem zu überwachenden Subnetz bzw. Kabelsegment eine spezielle Probe installiert sein, welche die gewünschten Werte analysiert. Ein direkter

---

[37] So z.B. die Firma NAT über ihre www-Page (vgl. Anhang) für die Nachfolgemodelle, der an der Uni verwendeten Ethermeter-Probes.

Zugriff ist von der Netzwerkmanagementstation aus natürlich nicht möglich, da in den allermeisten Fällen trennende Bridges und Router die ursprünglichen Signale und Datenpakete davon fernhalten. Sie ist also darauf angewiesen, die gewünschten Daten über RMON und SNMP geschickt zu bekommen.

Die standardmäßig auf dieser Ebene angesiedelten Netzkomponenten sind nur teilweise in das Netzwerkmanagement integrierbar. Repeater und Transceiver lassen sich üblicherweise nicht mit SNMP ausrüsten und sind bis auf eine eventuelle Beeinflussung der Signalqualität für alle Schichten völlig transparent. Das kann allerdings nur von zwei, auf den beiden betreffenden Kabelsegmenten installierten Probes erkannt kann. Bridges und Hubs, die zwar auch noch der Schnittstellenschicht zuzurechnen sind, aber im OSI-Modell eine Ebene höher angesiedelt sind, können teilweise mit entsprechenden Agenten ausgerüstet werden. Im Falle einer Bridge kann dadurch das Subnetz auf der Segment Map von NetView genauer eingeteilt werden, wodurch die Lokalisation bestimmter Hosts erleichtert wird. Ein managementfähiger Hub kann Informationen über die an seine Ports angeschlossenen Rechner bzw. Kabelsegmente liefern und auch Steuerkommandos entgegennehmen. Damit wäre es beispielsweise möglich, auf verschiedene Art (falsche IP-Adresse, defekter Transceiver, o.ä.) störende Rechner zu erkennen und einfach vom restlichen Netzwerk abzutrennen. Weiterhin wären beide Geräteklassen bei entsprechender Aufrüstung mit MIBs auch in der Lage, direkt als Probe zu fungieren, wodurch man deren expliziten Einsatz und damit auch die Finanzierung sparen könnte.

Internetschicht

Die auf der Internetschicht verfügbaren Informationen können von NetView direkt oder unter Zuhilfenahme von SNMP als Transportprotokoll für weiter entfernte Hosts erfaßt werden. Es handelt sich dabei hauptsächlich um Daten, die mit IP-Adressen, Subnetzmasken, ARP-Tabellen oder Routinginformationen zu tun haben. An dieser Stelle kommt zum Tragen, daß NetView vorrangig ein Ebene-3-Managementtool ist. Dadurch kann es alle Informationen, die sich auf den IP-Protokollstack stützen, ohne Hilfsmittel erfassen. Darunter fallen z.B. Statusmeldungen über doppelte IP-Adressen, wechselnde Konfiguration und in gewisser Weise auch das Autodiscovery zum Aufbau der Netmap mit allen darin enthaltenen Beziehungen und Verbindungen.

Eingreifen kann das Netzmanagement nur in das einzige Gerät dieser Ebene - den Router. Unter Inanspruchnahme von SNMP und herstellerspezifischen MIBs lassen sich gezielt Werte in dessen Speicher schreiben, wodurch bestimmte Aktionen ausgelöst werden. Damit kann man beispielsweise Routingtabellen verändern oder ganze Interfaces stillegen. In einem Netzwerk mit alternativen Datenwegen, die im betrachteten LAN allerdings nicht vorkommen, kann somit das Weiterleiten der Datenpakete unmittelbar beeinflußt werden.

Transportschicht und Anwendungsschicht

Die auf den beiden obersten Ebenen angesiedelten Sicherungs- und Performanceaspekte sowie die spezifischen Anwendungsprotokolle und -applikationen lassen sich ausschließlich durch Probes erfassen und in NetView einbinden. Dazu werden Geräte benötigt, deren MIBs auch solche Werte wie Datagrammwiederholungen, Idle timer oder sinkende Fenstergröße beim Piggy-Back-Verfahren beinhalten und nach den gängigen Protokollen unterscheiden können.

4 Zusammenfassung

Ausgehend von den allgemeinen Anforderungen an ein Netzwerkmanagementsystem liegen die Stärken des untersuchten Programms NetView for AIX eindeutig in den Bereichen Autodiscovery und Konfigurationsmanagement. Die anderen geforderten Bereiche sind entweder gar nicht implementiert (Sicherheitsaspekte, Kostenabrechnung) oder in ihrer Handhabung nur sehr rudimentär ausgeprägt (Konfigurationsdokumentation, Fehlerbehandlung). Das liegt teilweise auch daran, daß IBM für manche Funktionen (Leistungsüberwachung) zusätzliche Tools (RMONitor, Router and Bridge Manager) zur Integration in NetView anbietet. Das gewonnene Bild von der Stärken und Schwächen deckt sich in etwa mit den gemachten Aussagen der GMD [Pless94] über eine Reihe von kommerziellen Netzwerkmanagementsystemen.

Die speziellen Untersuchungen zu dieser Arbeit, die sich mit ausgesuchten Fragestellungen zu den Themen Zuordnung MAC-Adresse <-> IP-Adresse, RMON und Multiprotokollfähigkeit befaßten, haben zum Teil von den Werbeversprechen abweichende Ergebnisse geliefert.

Anhand der durchgeführten Konsistenzprüfungen der aus verschiedenen Quellen (IP, SNMP, ARP, etc.) erfaßten Informationen, konnten doppelte und illegal verwendete IP-Adressen identifiziert werden. Dazu wurden 6 verschiedene Fehlerklassen ausgearbeitet und die Reaktionen des NMS anhand von gezielten Falschkonfigurationen einzelner PCs überprüft. Mit den gewonnenen Erkenntnissen konnte dann gezielt nach fehlerhaften Hosts gefahndet werden, um mit Erfolg die in der Theorie entwickelten Kriterien zur Erkennung solcher Rechner praktisch zu verifizieren. Die Zuordnung der entsprechenden MAC-Adressen zu dem jeweiligen Host und dessen Standortbestimmung erfolgte dabei über eine uniinterne Datenbank. Leider sind deren Einträge oft nur unvollständig, so daß viele Identifikationen nicht möglich sind. An dieser Stelle ist in Zukunft eine - wenn auch langwierige - Vervollständigung der Daten sehr empfehlenswert, da die Datenbank im momentanen Zustand nur bedingt einsatzfähig ist.

Das verwendete Grundpaket enthält leider keine Möglichkeit zur Integration anderer Protokolle als IP. Auch hier gilt wieder, daß mittels zusätzlicher Komponenten die Funktionalität erweitert werden kann. Andererseits kann aber auch ein bzgl. der verwendeten Hardware sehr heterogenes Netzwerk verwaltet werden, solange die Komponenten über ein unterstütztes Protokoll - in diesem Fall eben nur IP - verfügen.

Die Eingriffsmöglichkeiten des NMS liegen hauptsächlich auf den OSI-Ebenen 1 bis 3. Für die beiden ersten Schichten benötigt es im Netz vor Ort installierte Probes, die die entsprechenden Meßwerte erfassen und - hauptsächlich zur Fehlerdiagnose und Leistungsüberwachung auf Hardwareebene - bereitstellen. Informationen der 3. Schicht kann es selbst über SNMP heranziehen und für das Konfigurationsmanagement einsetzen.

Für eine umfassende Überwachung ist es wünschenswert, weitere Hosts mit SNMP-Software auszustatten und dabei insbesondere auch die bereits installierten Agenten so zu konfigurieren, daß sie selbständig Traps an die Netzwerkmanagementstation verschicken können. Dadurch wären sie in der Lage, besondere Ereignisse anzukündigen woraufhin NetView sofort reagieren könnte und nicht nur auf periodisches Pollen angewiesen wäre.

Insgesamt betrachtet stellt NetView nur eine Integrationsbasis für viele schon bekannte, einfache Netzüberwachungstools dar. Es liefert keine gänzlich neuen Informationen, sondern bietet nur eine umfassende graphische Anzeige und die Möglichkeit der automatischen Konsistenzprüfung verschiedener Datenbestände. Im Fehlerfall setzt es auf verschiedenen Wegen eine Statusmeldung an den Netzmanager ab, dem es weiterhin obliegt, die gemeldeten Informationen zu interpretieren und zueinander in Beziehung zu setzen. Außer daß NetView selbst keine Auswertung der Daten unter Berücksichtigung von Folgefehlern und Seiteneffekten vornimmt, erschwert es dem Netzmanager die Arbeit in manchen Fällen durch Fehlalarme (z.B. durch fehlerhafte SNMP-Agenten) und schwer nachzuvollziehende Meldungen. Somit verlangt es weiterhin nach einem erfahrenen Netzspezialisten mit viel Fingerspitzengefühl, der zusätzlich noch mit den Interna und Eigenheiten des NMS vertraut sein muß.

5 Anhang

5.1 Installation

Die verwendete Software NetView for AIX wurde von IBM auf zwei CDs geliefert, auf denen sich auch noch die gesamten anderen Komponenten für das SystemView for AIX-Paket befinden. Somit mußten erst mittels spezieller Keys und eines Generierungsprogramms die Installationsimages erzeugt werden. Diese können dann mit SMIT in gewohnter Weise installiert werden. Da auf dem Beiblatt der CDs und im Handbuch zur Software zwei völlig gegensätzliche Methoden zur Installation beschrieben waren, die beide aber nicht direkt zum gewünschten Erfolg führten, wurde schließlich folgende Vorgehensweise entwickelt:[38]

Freischaltung der Software

Um aus den komprimierten Dateien der CDs für SMIT lesbare Installationsimages zu erzeugen, benötigt man insbesondere folgende zwei Dinge. Zum einen das mitgelieferte, menügesteuerte Entpackprogramm *Showcase* und die speziellen Keys, die es ermöglichen, genau die bestellten Komponenten des Gesamtsystems zu entschlüsseln. Für den Betrieb des Programms muß eine Motif-Oberfläche gestartet sein. Der Benutzer muß über root-Berechtigung verfügen, um die notwendigen Verzeichnisse anlegen und Konfigurationsdateien ändern zu können.

Die Keys werden von der zuständigen Stelle bei IBM normalerweise auf Antrag des Vertriebsbeauftragten, der die Softwarebestellung entgegengenommen hat, generiert und dem Kunden zugefaxt oder zugeschickt. Im vorliegenden Fall mußte aber - insbesondere bei der Lieferung der Testcodes, die es erlauben, zusätzliche Module unverbindlich für einen befristeten Zeitraum zu prüfen - einige Male nachgehakt werden.

Das verwendete CD-ROM-Laufwerk muß für den Betrieb der ersten CD zwingend in das Verzeichnis /usr/cdrom/svea1 mittels *mount* eingebunden werden, bzw. für die zweite CD in das Verzeichnis /usr/cdrom/svea2. Danach kann das Entpackprogramm mit /usr/cdrom/sveaX/showcase/showcase gestartet werden, wobei 'X' wieder für '1' bzw. '2' steht.

Im ersten Schritt bestimmt man über den Button 'Configure' das Verzeichnis, in dem die Installationsimages abgelegt werden sollen. Üblicherweise wird hier einfach nur die Default-Einstellung /usr/sys/inst.images mit dem Button 'OK' akzeptiert. Anschließend wählt man aus den aufgelisteten Programmmodulen jeweils eins aus, klickt auf den Button 'Unlock product', gibt den geforderten Key und die Kundennummer ein und startet mit 'OK' den Kopierprozeß, der die verschlüsselten Daten von der CD in lesbarer Form in das

---

[38] Dazu wurde unter anderem auch die IBM-Hotline befragt, die schon beim ersten Stichwort der aufgetretenen Fehler genau wußte, worum es sich handelt. Die daraufhin erhaltenen Tips waren - trotz des anscheinend wohlbekannten Problems - nirgends in der Originaldokumentation oder einer zusätzlichen Ergänzungsinformation enthalten!

Installationsverzeichnis kopiert. Dieser Vorgang wird für alle gewünschten Komponenten der CD wiederholt. Anschließend wird das Programm beendet und, falls nötig, die andere CD eingelegt. Jetzt muß das CD-ROM-Laufwerk wieder mit *unmount* freigegeben und mit dem entsprechenden Pfad der zweiten CD neu eingebunden werden. Die übrigen Arbeitsschritte laufen analog zur ersten CD. Damit liegt die Software in einer Form vor, die mit SMIT betriebsbereit installiert und im System angemeldet werden kann.

Betriebssystemupdate

Die ersten Installationsversuche scheiterten allerdings noch daran, daß auf der verwendeten RISC/6000-Maschine nicht alle Betriebssystemdateien den benötigten aktuellen Stand hatten. Für diesen Fall war in der Lieferung von IBM schon eine weitere CD mit den entsprechenden *PTFs (Program Temporary Fixes)* beigelegt. Diese wurde vom Systemadministrator gemäß der in einer ASCII-Datei enthaltenen Anweisungen installiert. Bei dem anschließenden Installationsversuch meldete SMIT, daß immer noch 3 weitere Komponenten nicht die benötigte Versionsnummer hätten:

```
bosnet.obj
X11rte.obj
X11rte.motif1.2.obj
```

Die gemeldeten Systemteile wurden daraufhin einzeln explizit in der Installationsroutine angegeben und anschließend committed. Jetzt war das Betriebssystem auf den für NetView geforderten Stand gebracht worden und somit einsatzbereit für die eigentliche Installation.

Installation

Vor Beginn der Installation muß sichergestellt werden, daß keine Motif-Oberfläche gestartet ist, sondern der Benutzer mit root-Berechtigung an der Konsole der Maschine im Textmodus eingeloggt ist. Mittels SMIT wird dann auf dem üblichen Weg die Softwareinstallation mit den Dateien im Verzeichnis `/usr/sys/inst.images` gestartet. Hierbei werden die ausgewählten Komponenten entpackt, in nicht benutzerspezifizierbare Verzeichnisse geschrieben und konfiguriert. Ebenso werden notwendige Anpassungen in der Systemumgebung durchgeführt.

Abweichend von den Angaben in der Dokumentation war es im vorliegenden Fall notwendig, vor Start des SMIT die Environmentvariable `Auto_Config` auf den Wert `No_Config` zu setzen. Die automatische Konfiguration hatte leider nicht alle Änderungen korrekt abgeschlossen und NetView stürzte, beim Versuch die graphische Oberfläche zu starten, mit einer Reihe von Fehlermeldungen der Art

```
-------------------------------------
File: /usr/OV/symbols/C/Network
Line: 134
Error: Unknown field "isNetwork"
-------------------------------------
```

ab.

Durch die gesetzte Variable wird verhindert, daß SMIT während der Installation versucht, die notwendige Konfiguration selbst durchzuführen. Statt dessen muß man nach Abschluß des Installationsvorgang die eigentlich Konfigurierung manuell durch das Programm

`/usr/OV/install/tools/run_customize`

starten. Zusätzlich wurde noch der Systempfad von Hand um den Eintrag `/usr/OV/bin` erweitert, um später die Hilfsprogramme - insbesondere zur Wartung der NetView-Datenbanken - bequemer aufrufen zu können.

5.2 Zusätzliche Informationsquellen für NetView

`http://www.raleigh.ibm.com/nva/nvaover.html`
Offizielle Internetpage von IBM mit Neuigkeiten über NetView.

`http://www.raleigh.ibm.com/nv6/nv6qa.html`
Häufig auftretende Fragen und Probleme werden hier alle 4 Monate in Form von Tips und Tricks veröffentlicht.

`LISTSERV@UCSBVM.UCSB.EDU`
Mailadresse, über die man sich in eine spezielle Usergruppe aufnehmen lassen kann, in der Probleme diskutiert werden. Um aufgenommen zu werden, muß man an obige Adresse den Text SUBSCRIBE NV-L Nachname Vorname schicken. Daraufhin erhält man eine Überprüfungsmeldung, ob die Adresse, an die die Maillistings geschickt werden sollen, auch korrekt ist. Diese ist mit einfachem reply zu beantworten und man ist die Gruppe aufgenommen. Alle an diesen Mailserver geschickten Fragen und Antworten werden entweder sofort, oder auf Wunsch auch als tägliche Sammlung, an die Teilnehmer geschickt.

`http://www.tile.net/tile/listserv/netvl.html`
Archiv der Mailingliste mit alten Fragen und Antworten.

`http://www.nat.com`
www-Seite der Firma NAT (Network Application Technology). Hier werden unter anderem MIB-Files für NetView und Software-Updates angeboten.

`http://pubweb.nexor.co.uk/public/rfc/index/rfc.html`
Mittels dieses search form kann man in allen bekannten RFC-Papieren nach Stichworten, Autoren oder Nummern suchen und sich die Fundstellen in Auszügen anzeigen lassen. Zusätzlich ist noch möglich, den ganzen Artikel zu laden und als Datei zu speichern.

5.3 Verwendete shellscripts

nvfix

```
ovstop netmon
ovmapcount -u
ovtopofix -A
ovstop ovtopmd
ovtopofix -C
ovstart
ovobjprint -S
```

doppelte_IP-Adressen

```
grep -i link /usr/OV/log/trapd.log | grep -v before | grep -v obtain | more
```

ohne_IP-Namen

```
ovtopodump -L | grep '131.246.*131.246' | grep / | more
```

IP-Meldung

```
#!/bin/ksh
var=$1

file=host_info_liste.adr

# echo $1 |mail root@rhrk

/gawk 'BEGIN{var="'"$var"'";
          addr=substr(var,length(var)-5,6);
          address=substr(addr,1,2)":"substr(addr,3,2)":"substr(addr,5,2);
          found=0 }
    { if ( $0 ~ address ){system("ovxecho Folgender Rechner benutzt eine
                           fremde IP-Adresse: "$0"&");found=1} }
    END{ if ( found == 0 ) {system("ovxecho Ein Rechner mit folgender
         MAC-Adr. "address" benutzt eine fremde IP-Adresse!")} } ' $file
```

5.4 Systemumgebung

Verwendete Hardware

Die zur Verfügung stehende Netzwerkmanagementstation stellt in allen drei Bereichen (Festplatte, Hauptspeicher und CPU) das absolut untere Limit an notwendiger Performance zur Überwachung eines Netzwerks in der vorliegenden Größe dar. IBM empfiehlt für den reibungslosen Betrieb ein Minimum vom 64 MB für das System selbst plus weitere 32 MB für jede offene Map im Multi-Manager-Betrieb. Daraus ergibt sich eine Grundanforderung von 96 MB. Auch für die CPU-Leistung wurden durchgängig deutlich stärkere Maschinen vorgeschlagen.

Als der verwendete Rechner anfangs nur mit 32 MB ausgestattet und nur ca. ¼ des gesamten Netzwerks wegen der noch nicht freigeschalteten SNMP-Unterstützung der Router erfaßt war, waren die Folgen unübersehbar. Man mußte ständig damit rechnen, daß die Benutzeroberfläche und einige Daemons aus Speichermangel abstürzen. Das kam bei eingehender Nutzung des Systems mehrmals täglich vor. In den Phasen des stabilen Betriebs konnte während des periodischen Abfragens der erfaßten Netzknoten deutlich festgestellt werden, wie die Maschine überlastet wurde. Beim Auswerten der Zustände und Ändern der Datenbankeinträge erreichte die xload-Anzeige für wenige Minuten Werte um 5 bis 7 Einheiten. In dieser Zeit reagierte der Rechner nicht einmal mehr auf ein einfaches ls-Kommando oder das Neuzeichnen eines verschobenen Fensters.

Das sich die Situation mit dem Nachrüsten von weiteren 32 MB trotz Verwalten des gesamten Netzwerks deutlich besserte, ist zu vermuten, daß es sich bei diesem Verhalten nur zu einem geringen Teil um fehlende CPU-Leistung handelte. Vielmehr mußte die Maschine wegen Speichermangel ständig große Systemteile auf Festplatte auslagern und andere Bereiche einlesen. Zur Zeit liegt die Belastung in der Pollingphase für knapp 1 Minute bei etwa 3 bis 4 Einheiten, wodurch aber andere Prozesse immer noch deutlich behindert werden.

Die allgemeine Reaktionsgeschwindigkeit bei weitgehend unbelasteter Maschine beim Anwählen anderer Mapebenen oder Öffnen von Bildschirmmasken, liegt derzeit, bei im täglichen Routinebetrieb nicht mehr erträglichen, 3 bis 5 Sekunden. Daraus lassen sich für die Zukunft folgende Verbesserungswünsche ableiten:

- **Festplatte:** Da die handelsüblichen Festplatten höherer Leistungsklassen lediglich eine Steigerung um den Faktor 2 erwarten lassen, ist an dieser Stelle kein besonders erfolgversprechendes Tuning zu erwarten.

- **Hauptspeicher:** Solange nicht mehr Informationen durch ein größeres LAN oder zusätzliche SNMP-Agenten anfallen und man durch das viertelstündlich wiederkehrenden Blockieren des Systems während des Pollens nicht weiter behindert wird, ist die momentane Bestückung ausreichend. Wünschenswert und von IBM empfohlen wäre jedoch die doppelte Kapazität.

- **CPU:** Hier ist dringend eine Steigerung um den Faktor 3 bis 4 angeraten, um ein flüssiges Arbeiten mit dem System zu gewährleisten.

Netzwerkmanagementstation:

   IBM RISC/6000 Modell M20

   64 MB Hauptspeicher

   2 GB Festplattenkapazität

RMON-fähige Netzkomponenten:

   Wandel & Goltermann-Probe, Typ IDMS 3013 Ethernet (2.43)

   NAT-Ethermeter 150

Verwendete Software

   Launch Window

   NetView for AIX (V3.1) SNMP mgr

   nachträglich installiert: PTF 439027 (Stand Dez. 1995)

Verwendetes Seedfile

```
cisco12
cisco13
cisco36
cisco42
cisco44
cisco48
cisco56
cisco57
cisco58
minnetonka
```

Konfiguration des netmon-Daemons

Der netmon-Daemon arbeitet im Hintergrund und ist für das Erkennen neuer Hardwarekomponenten im Netzwerk und deren Statusänderungen zuständig. In einem solchen Fall meldet er sich mit einem Trap bei der Netzwerkmanagementstation. Die in einer gemischten FDDI- und Ethernetumgebung auftretenden Fehlermeldungen über link address mismatches können durch geeignete Konfiguration des Daemons mittels SMIT unterdrückt werden. Es stehen folgende Werte für den Parameter zur Verfügung, wobei 'none' im vorliegenden Fall das gewünschte Verhalten brachte:

- none: Analysiert die Zuordnungsfehler daraufhin, ob nur ein bitswapping vorliegt. Nur wirkliche Zuordnungsfehler werden angezeigt.

- report: Meldet alle erkannten Fehler bzgl. der Zuordnung IP-Adresse <-> MAC-Adresse. In diesem Fall werden auch die durch bloßes bitswapping bei der Adreßspeicherung entstanden Abweichungen als Fehler interpretiert.

- ignore: Ignoriert alle Fehler bzgl. der Zuordnung IP-Adresse <-> MAC-Adresse. Dadurch werden auch tatsächliche Falschkonfigurationen und doppelte IP-Adressen nicht mehr erkannt.

Literaturverzeichnis

[AIX92]   IBM; *AIX Version 3.2 Commands Referenz Volume 1 - 4* 1992, IBM

[Brinkm95]   Brinkmann, Wolfgang; *Wartung heterogener Netze*, 1995, Datacom 5/95

[ECMA84]   European Computer Manufacturers Association; *Standard ECMA-81, Local Area Networks, CSMA/CD Baseband*, 1984

[Ethernet87] Marquardt, R.; Mues, D.; Olsowsky, G.; Suppan-Borowka, J.; *Ethernet Handbuch*, 1987, DATACOM Buchverlag

[Ganter93]   Ganter, Robert; *OSI-Management Funktionen*, 1993, Interner Bericht, Institut für Telematik, Universität Karlsruhe

[Heinz94]   Heinz, Andreas; *Leistungsbewertung von OSPF in einem lokalen Netzwerk*, 1994, Diplomarbeit, Universität Kaiserslautern

[HeKe93]   Heinz, A.; Kemper, M.; *Entwurf und Implementierung eines Netzwerk-Informations- und Administrations-Systems*, 1993, Projektarbeit, Universität Kaiserslautern

[Hirschm92] Hirschmann; *Handbuch zur Managementkarte MIKE*, 1992, Richard Hirschmann GmbH & Co.

[Kemper94]   Kemper, Michael; *Bewertung von SNMP als Managementprotokoll für lokale TCP/IP-Netzwerke*, 1994, Diplomarbeit, Universität Kaiserslautern

[Kerner93]   Kerner, Helmut; *Rechnernetze nach OSI*, 1993, Addison-Wesley

[KowBur94]   Kowalk, Wolfgang Peter; Burke, Manfred; *Rechnernetze*, 1994; B.G. Teubner

[NetView94] IBM; *NetView for AIX Version 3 Database Guide, Installation an Konfiguration, User's Guide for Beginners, Administrator's Guide, Administrator's Reference, Problem Determination, Application Interface Style Guide, Programmer's Guide, Programmer's Reference, and the Host Connection*, 1994, IBM

[Pless94]   Pless Eva; *Netzmanagement in der Praxis - ein Vergleich von bekannten kommerziellen Netmanagement Plattformen*, 1994, Gesellschaft für Mathematik und Datenverarbeitung

[Puttkam93] von Puttkamer, Ewald; *Prozeßrechentechnik*, 1993, Skript zur Vorlesung WS 1992/93, Universität Kaiserslautern

[RFC792]   Postel, J.; *Internet Control Message Protocol*, 1982

[RFC1271]   Waldbusser, S.; *Remote Network Monitoring Management Information Base*, 1991

[RFC1513]   Waldbusser, S.; *Token Ring Extension to the Remote Network Monitoring MIB*, 1993

[Rose93]   Rose, Marshall T.; *Verwaltung von TCP/IP-Netzen*, 1993, Prentice Hall

[Santifaller91] Santifaller, Michael; *TCP/IP and NFS: internetworking in a UNIX environment*, 1991, Addison-Wesley

[Scheel90]   Scheel, R.; *Systemanalyse und Konzeption eines Netzwerk-Informations- und Administrations-Systems für heterogene Rechnernetze*, 1990, Diplomarbeit, Universität Kaiserslautern

[SloKra89]   Sloman, Morris; Kramer, Jeff; *Verteilte Systeme und Rechnernetze*, 1989, Prentice Hall

[Tanenb92]   Tanenbaum, Andrew S.; *Computer-Netzwerke*, 1992, Wolfram's Fachverlag

Diplomarbeiten Agentur

Die Diplomarbeiten Agentur vermarktet seit 1996 erfolgreich Wirtschaftsstudien, Diplomarbeiten, Magisterarbeiten, Dissertationen und andere Studienabschlußarbeiten aller Fachbereiche und Hochschulen.

Seriosität, Professionalität und Exklusivität prägen unsere Leistungen:

- Kostenlose Aufnahme der Arbeiten in unser Lieferprogramm
- Faire Beteiligung an den Verkaufserlösen
- Autorinnen und Autoren können den Verkaufspreis selber festlegen
- Effizientes Marketing über viele Distributionskanäle
- Präsenz im Internet unter **http://www.diplom.de**
- Umfangreiches Angebot von mehreren tausend Arbeiten
- Großer Bekanntheitsgrad durch Fernsehen, Hörfunk und Printmedien

Setzen Sie sich mit uns in Verbindung:

Diplomarbeiten Agentur
Dipl. Kfm. Dipl. Hdl. Björn Bedey —
Dipl. Wi.-Ing. Martin Haschke ——
und Guido Meyer GbR ————

Hermannstal 119 k ————
22119 Hamburg ————

Fon: 040 / 655 99 20 ————
Fax: 040 / 655 99 222 ————

agentur@diplom.de ————
www.diplom.de ————